Oui des gens de gauche votent FN !

Enquête dans le Sud-Ouest de la France sur le vote Front National

De la même auteure

Le prix Goncourt 2013 est attribué à...,
roman, 2013

Une vingtaine de livres publiés chez des
"éditeurs traditionnels" sous son nom de
naissance.

Site officiel : http://www.ecrivaine.com

Fanny Werte

Oui des gens de gauche votent FN !

Enquête dans le Sud-Ouest de la France sur le vote Front National

Sortie : 15 mai 2014

Jean-Luc Petit éditions - Collection Politique

Tous droits de traduction, de reproduction, d'utilisation, d'interprétation et d'adaptation réservés pour tous pays, pour toutes planètes, pour tous univers.

Site officiel : http://www.ecrivaine.com

Oui des gens de gauche votent FN !

"De gauche", pourtant ils, elles, votent déjà, voteront bientôt, Front National...
Certains préfèrent fermer les yeux : s'ils votent FN, ils ne sont pas de gauche, juste des paumés parfois nos électeurs mais sans nos valeurs...

Invisible avant les élections européennes, forcément invisible car sans budget promotionnel, "non autorisé" et publié "à la dernière minute", ce livre pourrait être vraiment lu ensuite !...

Naturellement, "les vrais électeurs de gauche" ne voteront jamais Front National !
Ils préféreront toujours un Jean-Michel Baylet, une Sylvia Pinel, un Jérôme Cahuzac, un Martin Malvy, un Gérard Miquel...
Oui, en 2012, Jérôme Cahuzac aurait légitimement figuré dans la liste... Maintenant, un "n'ironisez pas" peut me répondre...
Enquête dans le Sud-Ouest... Voyage au pays des pruneaux et de la *Dépêche*, Tarn-et-Garonne, Lot-et-Garonne, Lot. Après la fête des municipales... oui finalement, ce ne fut pas si mal... "malgré le contexte national"...

les principales "communautés de communes" sont restées à gauche...

Si j'étais journaliste, naturellement personne ne m'aurait confié son découragement, ses futurs bulletins marins, marines, malgré un cœur à gauche.

Femme plutôt sympathique... j'écoute, je relance... Ils me connaissent un peu... Ils balancent... Me demandent même ce que j'en pense... vu de Paris ! J'en pense, oui j'en pense... et préfère le taire publiquement... « Oh vous savez, moi et la politique... dans mon milieu il faut être bien avec tout le monde...»

Une "écrivaine", avec des livres sans grand intérêt mais publiés par de grandes maisons, présents dans les bibliothèques de la région. Presque une petite vedette quand je reviens au pays...

Je prends des notes, et un jour y'a la boîte de cirage, les digues explosent... Tout le monde se lâche... J'écris également dans la fièvre des européennes annoncées "à risque" (pour notre merveilleux président dont les sorties nocturnes en scooter devraient susciter l'admiration en souvenir du rêve d'applaudir des ministres en vélo développé en 1981...)

Lucide sur les difficultés de ma publication sous le nom "Fanny Werte."

Naturellement, je ne peux pas prendre le risque de proposer ce texte à mes chers éditeurs... Je serais grillée !... Politique comme édition... le clientélisme... enfin les clans... les bonnes relations (rime à...) Alors on se cache... on se cache pour voter... on se cache pour publier... Le grand coup de pied dans la fourmilière, on n'y croit plus... finalement... mais des colères... et finalement on continue... avec nos petites indignations... ce serait encore pire avec les autres... oui... mais il faut bien leur montrer... leur faire, un peu, peur...

Fanny Werte
Mai 2014

La goutte d'eau

Naturellement, ce ne fut pas un fin limier de leur *Dépêche du Midi* qui découvrit les pompes bien cirées d'Aquilino Morel... En 2015, qui se souviendra de ce nom ?... les informations essentielles... comme la coupe du monde de football brésilienne ou le trans' de l'eurovision... ne manqueront pas de nettoyer les cerveaux... Il faut bien oublier...

Aquilino Morelle, conseiller politique auprès du président, aime les chaussures, Julien Dray les montres, DSK les femmes, et Martin Malvy précise « *j'appartiens à une famille où personne n'a jamais fait fortune* », sans noter le montant de ses quatre décennies d'indemnités d'élu aux nombreux cumuls...
Quelques jours après le départ d'Aquilino Morelle... on apprenait que sa femme était directrice de cabinet de la ministre de la Culture... Laurence Engel... elle quittait ses fonctions... pour retrouver "son corps d'origine", la Cour des comptes... D'après les informations officielles, aucun lien entre les deux affaires... Une belle famille de gauche, tout simplement...

Vous avez voté en 2012 pour la République MORALE mais c'était la République Morelle...

"On a voté en 2012 pour une République

MORALE et c'est la République Morelle des pompes qu'il faut cirer..." Ma petite phrase, préparée, délie les langues... Il suffit de les lancer, les gens...
Aucune raison de se retenir, les journalistes, on ne les voit que dans le cortège des notables ou après "un incident"... Je suis revenue "au pays"... dans la maison familiale... des vacances... longues vacances... un break... pas l'envie de retourner là-haut... il le faudra sûrement... Ou alors y vendre l'appartement et vivre des rentes jusqu'à la retraite, en écrivant des livres, enfin, pour le plaisir (et non sur commande) ?

"Les journalistes", ici, ce sont ceux de *La Dépêche du Midi*, ou des "correspondants de presse." Devant lesquels les mots se retiennent... Quand d'autres passent, on se méfie également... les journalistes constituent une caste très solidaire...

25 Mai 2014...

Des difficultés à retenir la date... Je ne serai jamais prête ! J'arrête donc de vous écouter, voisins, voisines, connaissances, inconnu(e)s du marché... Non, vous ne saurez pas d'où !... J'y vais, j'écris...
Après tout, si souvent payée pour rendre une copie le... je peux m'imposer cette date... Avec nuits blanches... Avec l'âge, ça devient pourtant difficile... De toute manière, je ne vise pas à "tout dire", simplement mettre la plume dans la plaie... oui, vous pouvez déjà avoir entendu cette expression... là où la démocratie a mal... Pas besoin de partir au Chili ou au Mali...

Y'en a marre...

"Y'en a marre, on ne peut plus voter pour ces gens-là... Ils se sont trop foutu de notre gueule"... Le "on" est souvent préféré au je...

"Aller à la pêche ou voter Marine ? Dans les deux cas, c'est se jeter à l'eau !"

"Y'en a marre, de toute manière, si on ne vote pas Marine, rien ne changera... Des promesses, des promesses, toujours des promesses, et à la fin, on l'a dans..."
La rime pourrait admettre "les fesses." Mais les gens d'ici ne cherchent pas forcément la poésie...

Une tradition de "vote à gauche"

Parmi ses "complices", certains vont jusqu'à vous culpabiliser...
Si tu critiques :
- Vous êtes de droite !
Et c'est l'insulte suprême... qui en a retenus, des bulletins...

Ainsi "les gens" passent de cette gauche à "Marine"...

À Figeac et Cahors, "la gauche n'a jamais été à un niveau aussi élevé" (pour la première fois depuis la Libération, le maire cadurcien fut ainsi élu au premier tour...) et même "à chaque élection la droite se prend une raclée... et le Front National n'existe pas... et en plus de la gauche, l'extrême-gauche constitue une forte réserve de voix, qui vote toujours PS ou PRG au second tour"...

Effectivement, le Lot, peut sembler, à première vue, une forme d'anomalie nationale... Mais ce qui a retardé "la vague lepéniste" n'est guère recommandable : une confiscation de la démocratie par un système verrouillé...

Dans le Tarn-et-Garonne, l'emprise semble solide... Avec seulement "les cas particuliers" de Montauban et Caussade...

Dans le Lot-et-Garonne... Agen s'assume comme "une ville de droite" et "l'affaire Cahuzac" laisse des traces...

Allez, on se rassure...

Notre bonne France n'est pas coupée en deux comme Coluche le croyait en voulant la faire se plier en quatre mais, historiquement, scindée en trois : un tiers "fondamentalement" de gauche républicaine, un tiers "fondamentalement" de droite républicaine, et un tiers qui se ballade aux extrêmes, de gauche à droite, du PC au FN en passant par les trotskystes et les écolos quand ils veulent bien ne pas se Voynetiser... le plus souvent ces gens-là s'abstiendraient, même...

Donc, vous voyez bien, c'est seulement quand les vrais républicains sont endormis que les extrêmes peuvent "presque gagner"... mais nos bons républicains se réveilleront toujours au bon moment...

Mais non, je ne caricature pas... c'est ainsi qu'on se rassure, en off...

Servir l'intérêt général...

« Je me suis inscrit en politique pour servir l'intérêt général, ce que je fais en tant que député et en tant que conseiller régional, ce que je ferais aussi si je deviens ministre. Mais mon objectif réside seulement dans l'intérêt général. Ce qui m'intéresse, c'est servir mon pays, quel que soit le domaine. »
David Douillet, juillet 2010, au "Club Sports Europe 1".

« On fait de la politique pour servir l'intérêt général et au nom de valeurs et d'idéaux. »
Najat Vallaud-Belkacem, ès ministre des Droits des femmes et porte-parole du gouvernement, sur iTélé, le 9 avril 2013.

« La politique est une formidable aventure humaine, une formidable aventure collective.
Je vais vous dire le fond de ma pensée, ma conviction profonde : on ne fait pas de politique pour son épanouissement personnel !
On ne fait pas non plus de politique parce qu'on rêve de faire voter des circulaires, des décrets et des lois,
On fait de la politique pour servir l'intérêt général ;
On fait de la politique par amour de sa patrie ;
On fait de la politique parce qu'on a des valeurs.

Des valeurs qui vous indiquent le chemin, des valeurs qui dessinent votre Idéal !
Ces valeurs ce sont les racines de notre engagement.
Sans racines, un arbre ne monte jamais bien haut ! »
Xavier BERTRAND, discours au Conseil national du Mouvement populaire le 28 novembre 2009.

Et comme le déclara Alain Juppé bien avant d'accéder au statut de vieil homme populaire « Eh oui ! Il faut presque un siècle pour faire un arbre centenaire. »

« Je retire de cette expérience que la politique, pour servir l'intérêt général, requiert plus de courage, de constance, de volonté que de science et de discours. Elle impose de ne pas toujours faire ce qu'il plaît aux habitants d'entendre, mais ce qui est leur vrai intérêt et celui de leurs enfants.
Je veux dire aussi qu'il ne faut jamais confondre fin et moyens. Plus la fin est noble et sociale plus les moyens mis en œuvre doivent être économes (au sens performant du terme). Je continue d'être indigné d'entendre parfois que si la cause est belle et généreuse on peut être souple sur les moyens. Mais chaque franc économisé sur les moyens peut s'ajouter au résultat de l'œuvre engagée.

Notre fonction d'élu nous appelle chaque jour à respecter des préceptes simples : ne dépensons jamais avec l'argent public ce qu'on ne dépenserait pas avec son propre argent. N'oublions jamais que l'impôt est un prélèvement autoritaire sur le fruit du travail des autres. Soyons attentifs à l'attente de nos électeurs sans jamais cesser de nous demander ce qui est vraiment leur intérêt et celui des générations futures. Parce qu'au fond, le jugement des électeurs est sans doute un danger temporaire, mais celui de l'histoire est plus redoutable encore car il est éternel. »

Alain Lambert, sénateur-maire d'Alençon, Conseil général de l'Orne. Discours lors de remise de "la Marianne d'or 1999", le 17 janvier 2000.

S'ils le prétendent !... Aucune citation d'ici retrouvée !... Mais voilà, les citoyens ne les croient plus... De belles paroles et des actes trop différents...

Une interview, publiée le 23 septembre 2013, de Michel Bon (ancien Président de France Télécom et ancien Directeur de l'ANPE) sur un blog, l'écume des choses, sous blogspot.fr, apporte un éclairage sur le sujet :

« - Que vous inspire le monde politique français ?

- Beaucoup de nos hommes politiques semblent venir à la politique pour servir l'intérêt général. Beaucoup ont fait des études qui les préparent à la chose publique. Cependant notre système constitutionnel est magnétisé par la Présidence de la République, ce qui conduit à ce qu'un grand nombre de carrières ne sont tendus que vers cet objectif. Pour le parti qui n'est pas au pouvoir, hier à gauche et aujourd'hui à droite, c'est une foire d'empoigne et de sévères combats qui sont un défaut propre à notre pays. Et cela conduit aux trucages et aux situations pitoyables que l'on connaît... »

Pourquoi entrent-ils en politique ? Pour servir l'intérêt général ? Ou pour servir leurs intérêts ? Se donner de l'importance ?
Ils sont sans doute rares, "les 100% cyniques"... peut-être quelques-un(e)s formé(e)s par leur famille pour entrer dans la carrière... Mais comme dans beaucoup de choses, on y entre avec des convictions louables et on est "mangé par le système"... pertinence du parallèle entre le politique et l'écrivain...
Les systèmes broient les hommes (et les femmes, oui)... et il est quasiment impossible, en littérature, de vivre hors système...
Quant à la politique... qui aujourd'hui peut avoir une chance d'être élu, ne disons même pas à l'Elysée, mais au Sénat ou à l'Assemblée

Nationale, et même dans un Conseil Général ou Régional, sans au moins le soutien (qui nécessite le plus souvent l'adhésion) à un parti bien installé ?...

Il arrive pourtant qu'un homme se lève...

lyonmag.com présente le 10 novembre 2008 : *"L'homme qui a fait tomber Millon"*

« Un insoumis
Massif, des mains de bûcheron, un regard perçant, une tignasse blanche... Il suffit de rencontrer Jean Chabry pour comprendre que c'est pas le genre à se laisser intimider. Le style paysan de l'Ain, malin, rebelle. Il parle calmement, en pesant ses mots pour appuyer où ça fait mal. Totalement imperméable aux modes mais également aux pressions.
Pas étonnant que ce père de deux enfants, qui a cédé à son fils son entreprise de fabrication de matériel de soudage électrique, se soit lancé, malgré ses 63 ans, dans ce combat pour empêcher le retour de Millon en politique. Depuis 1998, il n'a jamais baissé les bras, au nom d'une certaine idée qu'il a de la politique. Et il vient de réussir son coup en empêchant Millon de se faire élire sénateur. Sympa et bon vivant, Jean Chabry est au fond un vrai insoumis. Il vient d'ailleurs de se faire suspendre son permis de conduire pour deux mois après avoir été flashé à 200 km/h au

volant d'une Mercedes. Mais alors qu'il aurait pu faire sauter le PV pour une erreur de procédure, il a préféré assumer et reconnaître son erreur. Rien à voir, effectivement, avec Millon. »

Avec une interview réalisée par Thomas Nardone, de Jean Chabry, maire de Jujurieux, dont la totalité mérite lecture. J'extrais :

« - Vous avez subi des pressions ?

Oui, les députés UMP Etienne Blanc et Charles de la Verpillière se sont relayés pour me faire plier. Ils ont joué sur tous les registres, de la douceur à la violence. En me faisant par exemple clairement comprendre que si je ne me retirais pas, ma vie politique était finie. Mais je n'ai pas craqué. Car même si je n'avais aucune chance d'être élu sénateur, mon objectif était clair : faire perdre Millon.

- Pourquoi vous êtes contre le retour de Millon en politique ?

D'abord pour des raisons éthiques. Car dès 1998, j'ai dénoncé son alliance avec le Front national pour conserver la présidence du conseil régional. Et il n'a jamais fait son mea culpa.

- Pour vous, Millon, c'est un facho ?

Ce n'est pas un fasciste, même s'il fait partie de cette droite ultralibérale que je condamne. De plus, il est très influencé par sa femme,

Chantal Delsol, qui est très conservatrice. Mais l'épisode de 1998 montre surtout que c'est un opportuniste prêt à tout pour conserver le pouvoir. Quitte à pactiser avec l'extrême-droite.

- Mais il affirme qu'il a seulement fait du Sarkozy avant l'heure !

Ça n'a rien à voir. Millon a passé un accord politique avec les dirigeants du Front national. Alors que Sarkozy s'est simplement adressé aux électeurs du FN pour les séduire.

- D'autres raisons pour vouloir vous débarrasser de Millon ?

Oui, Millon est en fait une machine à perdre. C'est simple, 1998 a été le point de départ du recul de la droite dans le département de l'Ain. Dès les cantonales de 1998, la gauche a gagné sept cantons. Puis elle a pris le conseil général en 2007. Alors que les grandes villes comme Bourg-en-Bresse ou Belley ont également basculé en mars dernier. Même schéma à Lyon où la liste dissidente de Millon a provoqué en 2001 la division à droite et la victoire de Collomb. Et la droite lyonnaise ne s'est jamais remise de ce traumatisme.

- Mais reconnaissez que Millon c'est un pro de la politique !

Justement, c'est ce que je lui reproche. Car il fait partie de ces politiques qui ont besoin du pouvoir pour exister. Pour eux, le pouvoir est une véritable drogue. Sans ce pouvoir, ils ne sont rien. Voilà pourquoi ils sont prêts à tout pour revenir dans le circuit. Ce qui finit par discréditer la politique. Mais on assiste à un mouvement d'assainissement. Millon a raté son retour, comme Chabert à Lyon, Carignon à Grenoble...

- Vous n'avez pas peur des représailles ?
Si, je sais que ma petite carrière locale est compromise. Car ils vont employer les grands moyens aux prochaines cantonales pour me déloger du conseil général.

- Aucun regret ?
Non, je suis droit dans mes bottes et fidèle à mes convictions. Contrairement à certains politiciens, je ne cherche ni titre, ni pouvoir, ni argent. Ce qui me donne une vraie liberté.
Je suis le fils du facteur de Saint-Paul-de-Varax et le cadet d'une famille modeste de cinq gosses. L'ascenseur social pour moi, ça a été l'école publique. Donc je me suis toujours dit que si je réussissais, je renverrais l'ascenseur. Voilà pourquoi je me suis engagé en politique, pour servir l'intérêt général. Pas pour m'acoquiner avec ces loustics. »

http://www.lyonmag.com/article/9112/l-homme-qui-a-fait-tomber-millon

En 2014, Jean Chabry figure toujours dans la liste des élus du Conseil Général de l'Ain mais il n'était pas candidat pour conserver son poste de maire... peut-être une conséquence de l'affaire qui le remit dans l'actualité en

2012 : une comparution immédiate au tribunal correctionnel de Lyon, après avoir causé un accident de la circulation... en état d'ébriété... cette fois au volant d'un 4x4... aggravé d'un délit de fuite... et de blessures involontaires...

Pendant ce temps-là, François Hollande cherche le bon timing... pour conserver le maximum de pouvoirs...

Lors d'une visite chez Michelin, à Clermont-Ferrand, le 18 avril 2014, notre président vénéré déclare : « Si le chômage ne baisse pas d'ici à 2017, je n'ai ou aucune raison d'être candidat ou aucune chance d'être réélu. »
Panache et compagnie ?

Au plus bas dans les sondages, il ne semble avoir trouvé qu'une voie : lier son avenir à la courbe du chômage... qui finira bien par baisser... au moins un peu... il avait déjà promis d'inverser cette courbe avant la fin de l'année 2013... Pour 2014, laissons Manuel Valls amuser la galerie en toréador... et comptons sur le risque Front National pour susciter des "votes républicains" aux municipales et européennes... Tant que l'UMP tergiverse... 2015... et ce fut la grande idée de mai... reporter les élections régionales et cantonales de 2015 à 2016... Puisqu'on est au pouvoir, autant y rester le plus longtemps possible !... Et ce qui permettrait de bien préparer "sauver la République en 2017", avec François Hollande en tenue de Jacques Chirac 2002... bien avisé de mourir durant cette période pour offrir l'occasion de rassembler le peuple de France derrière ce si grand démocrate... Et si le Front National remportait des régions et départements en 2016 ? L'hypothèse n'est plus farfelue... La dramatisation monterait d'un cran... Diminuer par deux le nombre de régions permettrait naturellement de conserver quelques bastions... quelques baronnies...

Affronter Marine Le Pen au second tour semble l'unique espoir de continuer pour notre président adoré...

PS / FN : croire que la montée du FN est une bonne chose...

Bien sûr, parfois, ça ne marche pas... Comme en 2002 ! Mais quand même, "au niveau local", cette gauche peut, en off, se féliciter de la montée du FN... Sauf naturellement où elle a "exagéré", comme Marseille ou Hénin-Beaumont...

Le Front national fut lancé par Jean-Marie Le Pen en 1972, et resta scotché à moins d'un pour cent jusqu'à l'arrivée de François Mitterrand à l'Elysée, en 1981.
En 1983, il décollait : 16,7 % des suffrages exprimés à Dreux, 9,3 % à Aulnay-sous-bois, 12 % dans la circonscription d'Auray.
Aux élections européennes de 1984, c'est la consécration, avec plus de 10%.

Naturellement, il existe des spécialistes du décryptage du vote Frontiste... et de grands analystes qui vous prouveront qu'aux municipales 2013 le Front National a régressé...
Chez mes amis du Lot, c'est même l'euphorie : le FN à 0%, la gauche triomphe... 0%... car aucun candidat FN répertorié aux municipales dans le Lot... Il suffit donc de mettre au point un système pour qu'il n'y ait de candidats que de certains partis afin de rendre invisibles les autres ! Vive la démocratie...

Jean-Claude Bonnemère pour *La Vie Quercynoise*, a interrogé Louis Aliot, tête de liste FN aux européennes pour le Grand sud-ouest, de passage à Cahors le 28 avril...

L'interview débute par "*Comment expliquez-vous votre présence à Cahors, alors que le FN est quasi-inexistant dans ce département??*" À laquelle le Conseiller régional de Languedoc-Roussillon répond "*Je le sais, dans le Lot et quelques autres départements, la situation est compliquée pour nous. Ici, nous sommes en présence d'un sectarisme ambiant, qui est en train de tomber du reste. Depuis 2012, on sent un renouveau. Nous sommes en phase de construction avec des jeunes et des cadres en particulier.*" Malheureusement, la suite est consacrée aux enjeux nationaux et européens... Occasion manquée... Car si le vice-président du Front national joue le jeu du "*quasi-inexistant*", Marine Le Pen, au premier tour de l'élection présidentielle 2012, avait obtenu 1 443 voix à Cahors, soit 13% des exprimés... un pourcentage similaire à celui du département, 13,48%, contre 17,90% au niveau national... Ce qui ne devrait pas permettre de pavoiser sur un "*quasi-inexistant*"... seul le mode de scrutin, avec des listes complètes scrupuleusement panachées suivant le sexe (mais sans exigence de quota homosexuel ni de couleur de cheveux) bloque le FN... quant au "*sectarisme ambiant*", malheureusement, il a dégainé l'expression juste... Louis Aliot... contre Michèle Alliot-Marie... dois-je chercher une chute drôle ?

Quant au Tarn-et-Garonne, Le FN y présenta des candidats à Moissac (19,86% au premier tour, 11,80% au second et 2 élus au conseil municipal sur 33) et à Montauban (13,55% au premier tour, 10,90% au second et 2 élus au conseil municipal sur 45).
Aux présidentielles 2012, Marine Le Pen y dépassait largement "la moyenne nationale" : 22,10%, soit juste un peu plus que dans le Lot-et-Garonne, à 21,41, un département dans l'actualité nationale lors de l'élection législative partielle des 16 et 23 juin 2013, dans sa 3ème circonscription, celle du socialiste Jérôme Cahuzac, qui a préféré démissionner que de reprendre son siège à l'Assemblée après son départ du gouvernement, et ses grandes phrases d'innocence...

Un jeune candidat FN, Etienne BOUSQUET-CASSAGNE avait alors obtenu 46,25% et l'UMP Jean-Louis COSTES devint député.
Quant au PS, il avait pu compter son dernier noyau de fidèles, 23,7% des voix au premier tour, derrière le FN à 26 et l'UMP à 28,7...

Aux municipales, la grande question départementale se résumait à : ce candidat du FN parviendra-t-il à prendre la mairie de Villeneuve-sur-Lot ?

M. Patrick CASSANY (LUG) 28,64 %
M. Etienne BOUSQUET-CASSAGNE (LFN) 26,00 %
M. Paul CAUBET (LDVG) 13,93 %
M. Renaud LEYGUE (LUMP) 13,29 %
Mme Anne-Marie DAVELU-CHAVIN (LDVD) 12,72 %
Mme Marie-Hélène LOISEAU (LFG) 5,38 %

Et il y eut une triangulaire au second tour car les listes de Jean-Paul Caubet (sans étiquette mais DVG par la préfecture qui voulait des étiquettes... et Jean-Paul Caubet fut connu ès colistiers de Jérôme Cahuzac), Renaud Leygue (UMP) et Anne-Marie Davelu Chavin, arrivées respectivement 3e, 4e et 5e ont fusionné sous une étiquette "radicale"... UDI..

« *Droite, gauche, pour moi cela n'a pas d'importance, l'important c'est l'intérêt des Villeneuvois.* » (Jean-Paul Caubet)

« *Si on ne fait rien, si chacun part de son côté, on laisse la mairie à Patrick Cassany. Et de surcroît il y a un risque que le Front national l'emporte. On ne pouvait pas rester sans rien faire. L'union s'est imposée.* »

(dans un article de leur dépêche, sans que l'on sache s'il s'agit d'une déclaration de Renaud Leygue ou Anne-Marie Davelu-Chavin !)

Cette alliance c'est « *le front uni contre Cassany et contre Bousquet-Cassagne.* »

Qui a prononcé cette phrase ?... il faudrait demander au journaliste de cette dépêche, "J.-L. A" qui n'hésitera pas à conclure : "*Et peu importe au fond que Jean-Paul Caubet ait été dans le passé dans l'équipe de Cahuzac. «Dépassons les clivages politiques...» osent les représentants de l'UMP, de l'UDI et du Modem avant d'ajouter, sagement, «laissons les électeurs choisir...»*"

M. Patrick CASSANY (LUG) 42,92 %
M. Etienne BOUSQUET-CASSAGNE (LFN) 30,37 %
M. Paul CAUBET (LDIV) 26,70 %

Dans le département, le FN concourrait également à Marmande, Tonneins, Le Passage et Agen. Ainsi 167 personnes ont franchi le pas du vote à l'affichage sous ses couleurs...

Marmande, 12 427 inscrits, 1er tour :
M. Gérard GOUZES (LUG) 38,76 %
M. Daniel BENQUET (LDVD) 43,00 %
M. Laurent GAY (LFN) 18,22 %

2eme tour :
M. Daniel BENQUET (LDVD) 54,10 %
M. Gérard GOUZES (LUG) 37,03 %
M. Laurent GAY (LFN) 8,86 %

Tonneins, 6 606 inscrits, 1er tour :
M. Dante RINAUDO (LDVD) 41,20 %

M. Eric BOUCHAUD (LUG) 25,45 %
Mme Maryse AUBERT (LFN) 23,55 %
M. Jean-Michel FERAL (LFG) 9,78 %

2eme tour :
M. Dante RINAUDO (LDVD) 47,07 %
M. Eric BOUCHAUD (LUG) 31,28 %
Mme Maryse AUBERT (LFN) 21,63 %

Le Passage, 7 075 inscrits, 1er tour :
M. Francis GARCIA (LUG) 29,71 %
M. Christophe BOCQUET (LUD) 28,63 %
Mme Corinne GRIFFOND (LUDI) 21,01 %
M. Sébastien DELBOSQ (LFN) 20,63 %

2eme tour... aucune alliance... on prend les mêmes :
M. Francis GARCIA (LUG) 1615 voix 35,24 %
M. Christophe BOCQUET (LUD) 1595 voix 34,81 %
M. Sébastien DELBOSQ (LFN) 714 voix 15,58 %
Mme Corinne GRIFFOND (LUDI) 658 voix 14,36 %

20 sièges au conseil municipal. Avec 16 voix d'avance pour la liste conduite par Francis GARCIA, celle de Christophe BOCQUET n'en récolte que 5... Oh magie de la prime au leader...
M. Sébastien DELBOSQ (LFN) comme Corinne GRIFFOND, 2 sièges.

Il apparaît intéressant de revenir sur le nombre de voix du premier tour :
M. Francis GARCIA (LUG) 1323
M. Christophe BOCQUET (LUD) 1275
M. Sébastien DELBOSQ (LFN) 919
Mme Corinne GRIFFOND (LUDI) 936

Entre les deux tours, naturellement, Christophe BOCQUET, noté officiellement LUD mais UMP et Corinne GRIFFOND, UDI auraient dû s'unir pour éviter le risque d'une victoire socialiste ou du FN ?

« C'était une primaire organisée avec l'UDI. Nous avions pris le parti de les laisser se présenter tous les deux. Le candidat UMP étant le mieux placé, nous souhaitons qu'il soit le seul à se présenter au second tour. Corinne Griffond doit donc se retirer. »
Michel Diefenbacher (cadre de l'UMP Lot-et-garonnaise selon *Sud-Ouest*)
Corinne Griffond, membre de l'UDI, rétorquait *« Mais ma liste est sans étiquette. La décision n'appartient qu'à moi et l'ensemble de mes colistiers. »*

En avril, Corinne Griffond quittait l'UDI... après en avoir été *"suspendue provisoirement"*...
Une "belle lettre" en guise de révérence :
« Monsieur le Président, j'apprends par le journal "Sud Ouest" ma suspension de l'UDI. Je n'ai pas été personnellement informée de

cette suspension, ni par mail, ni par courrier, ni par téléphone que ce soit par vous ou l'un des responsables de l'UDI 47. Cela explique sans doute la manière dont s'est honteusement déroulée la campagne sur Le Passage d'Agen. Entre désinformation et coups bas.

Pour l'heure, je ne souhaite pas entrer dans la polémique, car vous comme moi savons que les dés sont jetés et que votre décision est déjà prise. Le simulacre de procès est donc inutile. J'exprimerai à titre personnel, en temps voulu, mon sentiment sur ce qui s'est réellement passé au Passage depuis deux ans, mais aussi votre responsabilité dans le résultat de l'élection.

Aujourd'hui je vous remets ma démission comme membre de l'UDI. En tant que tête de la liste citoyenne que j'ai eu le bonheur de conduire, je siègerai, comme l'ont décidé les Passageois, dans la minorité du Conseil Municipal avec les compétences et le travail qui ont toujours guidé mon action que ce soit au cours du précédent mandat ou pendant toute la campagne. »

Monsieur le Président, c'était Jean Dionis du Séjour, président de l'UDI de Lot-et-Garonne.

Jean DIONIS DU SEJOUR... justement...

Agen, 17 881 inscrits. 1er et unique tour :
M. Jean DIONIS DU SEJOUR (LUD) 52,19 %

M. Emmanuel EYSSALET (LUG) 21,85 %
Mme Hélène COLLET (LFN) 9,21 %
M. Jean-Philippe MAILLOS (LPG) 7,05 %
M. Jules BAMBAGGI (LEXG) 2,88 %

3 sièges au Conseil municipal pour le FN.

Naturellement, une élection municipale, c'est également "des personnalités" pas forcément très engagées dans un parti... mais on remarque que la présence du FN au second tour ne favorise pas forcément la gauche... Et quand il s'agit d'élire la liste du futur maire, le vote frontiste a tendance à régresser... le vote d'avertissement existe bien... est-il compris des élus ? Dans d'autres régions il y eut également des avertissements avant l'élection de maires FN...
Aucun vote de forte adhésion ne semble porter le Front National dans ces départements... Pourtant Sylvia Pinel fut réélue députée en 2012 face à une candidate FN montée à près de 40%...

Le Dégoût chantait Alain Souchon

Avec *le dégoût*, Alain Souchon a su saisir un malaise. Plus tard, il a soutenu une Arlette, jusqu'au jour de 2002 où il s'est aperçu de la réalité derrière la sympathie...

Le dégoût des femmes et des hommes pour notre cinquième République... Qui fut exemplaire ?... Certains remontent au Général de Gaule... Tellement de petites histoires, d'argent... Combien de députés possèdent un compte en Suisse ? Il suffirait pourtant d'enquêtes rapides pour obtenir une réponse...

Le dégoût est là, dans notre pays...

Quand tu entres dans l'isoloir avec le dégoût aux lèvres, tu peux "voter grave"...

Mais peut-on encore mettre un bulletin PS ou PRG dans l'urne quand on se sent de gauche ?

Clan, clientélisme

Clan, clientélisme, des mots qui viennent naturellement à la bouche...

Le clientélisme : une des causes de la montée FN.

2013, primaire PS à Marseille pour les municipales...
Marie-Arlette Carlotti, ministre, favorite, laminée au premier tour, dénonce le clientélisme...

2014, municipales à Marseille. Le candidat socialiste Patrick Mennucci subit une cuisante défaite et Jean-Claude Gaudin, 74 ans, entame un quatrième mandat.
La ville est "découpée" en huit secteurs, dans le VIIe, les 13e et 14e arrondissements, le maire socialiste Garo Hovsepian laisse la place à Stéphane Ravier, FN.
Mais rassurez-vous, un maire d'arrondissement n'a quasiment aucun pouvoir...

Maurice Faure, est mort quelques jours avant les municipales, François Hollande s'est déplacé à Cahors pour honorer ce grand homme, 92 ans, dont la meilleure analyse semble avoir été écrite par *Dire Lot* : « *ce que l'on a nommé le faurisme, établi sur les faiblesses géographiques et démographiques du Lot, constitué par un clientélisme qui faisait* dire que 'tous ont mangé dans la main du César républicain.' »

Sur le sujet du clientélisme lotois : «...*ceux qui accusent les autres de clientélisme sont souvent ceux qui n'ont pas réussi à être élus ou réélus. Faire de la politique, c'est être à l'écoute et, par définition, chercher à rendre service* » Dans "*Des racines, des combats et des rêves*" de Malvy Martin (2010) Le même ajoutait « *j'appartiens à une famille où personne n'a jamais fait fortune.* » Faire fortune débute à combien, monsieur ? La rémunération d'un président du Conseil régional semble limitée par la loi à 5 512,13 euros et au niveau des intercommunalités de moins de 50 000 habitants à 3 421,32 euros, soit quand même plus de 100 000 euros annuels avec une vie quotidienne largement pourvue de « notes de frais » ; sans oublier son poste de premier adjoint à Figeac jusqu'en 2014... et ses droits d'auteur... un homme ayant en quatre décennies autant cumulé n'aurait pas fait fortune ?... Il fut naturellement photographié aux obsèques du vénérable Faure...

"*L'Audace à gauche*", "*30 propositions pour la France*" (pour les primaires socialistes 2012) de Jean-Michel BAYLET aborde le sujet : "*Certes, la crise actuelle a mis fin au mythe d'une économie libérale autorégulée. Certes,* l'UMP a échoué à réformer la France et s'est laissé engluer dans une politique clientéliste et inégalitaire sans ordre et sans cohérence." Le clientélisme, c'est les autres ! "Le véritable enjeu pour la France n'est pas d'augmenter les budgets publics mais de réformer les structures mêmes de notre économie pour préparer l'émergence d'un nouveau modèle de développement, fondé sur une croissance économique socialement juste et respectueuse de l'environnement.

Ce constat vaut également pour le fonctionnement de notre modèle social, qui est aujourd'hui miné par les inégalités et les conséquences de longues années de renoncement et de clientélisme.

Notre système de redistribution, notre protection sociale et nos services publics se sont dégradés et ont été privés des moyens de lutter contre l'éclatement de la société et le retour des privilèges de la naissance et de l'argent."

Les "longues années de clientélisme", est-ce un autoportrait ?

Parfois, le sud-ouest devrait observer le Pas-de-Calais... Hénin-Beaumont fut un bastion de la gauche : "C'est l'histoire d'une ville, très mal en point, endettée, et qui règle, en 2007 et 2008, une facture de plus de 400 000 euros de fleurs et de plantes sur demande du maire pour que les rues soient «belles» à la veille *des élections municipales. C'est l'histoire d'Hénin-Beaumont (Pas-de-Calais), dirigée par un maire PS, Gérard Dalongeville, mais aussi de tout un système où la solidarité a laissé place au clientélisme. C'est cette bien mauvaise histoire qui va être jugée à partir de ce matin."*

http://www.liberation.fr/societe/2013/05/26/le-systeme-dalongeville-entre-bons-amis-et-mauvais-comptes_905845

Le sud-ouest... de Pierre FABRE...

Pierre FABRE... L'homme qui savait mettre ces gens le nez dans leur gauche ?

"La disparition de Pierre FABRE est ressentie unanimement avec émotion et respect. Toute la région, au delà du #Tarn, est en deuil. #hommage"
Signé Martin MALVY   @martinmalvy·
Retweets 12
Favoris 3
20 juil. 2013
https://twitter.com/martinmalvy/status/358568342501588992

Hommage d'Aurélie Filippetti, ministre de la Culture et de la Communication, à Pierre Fabre

"Pierre Fabre, fondateur des laboratoires pharmaceutiques, est décédé chez lui, à Lavaur (Tarn), sur cette terre qu'il a profondément aimé.

Ce grand patron a toujours voulu que son Groupe reste dans « sa » région afin d'y favoriser l'emploi et le développement économique local.

Citoyen engagé, il le fut dans son cœur de métier, en finançant la recherche à travers de nombreuses associations et universités

françaises et étrangères et en favorisant l'accès des médicaments de qualité aux plus démunis.

Homme du Sud-Ouest et fervent supporter du Castres Olympique de rugby, il en fut le soutien financier et le charismatique président depuis 1987. Ce qui ne l'empêcha pas d'aider de nombreux autres clubs sportifs de la région.

Homme de culture, il contribua à enrichir les collections hispaniques du musée Goya de Castres par l'achat de plusieurs tableaux majeurs dont, en 2006,« le Martyre de saint Sébastien » du peintre madrilène Sebastian Muñoz (1642-1693) .

Pour le musée Toulouse-Lautrec d'Albi, il contribua notamment à l'acquisition de « La Modiste », huile sur toile de 1900. Il s'était par ailleurs impliqué dans le projet de construction du musée de tapisseries Dom Robert au sein de l'abbaye d'En-Calcat à Sorrèze.

A l'origine de la délégation Midi-Pyrénées de la Fondation du Patrimoine, il finança le prix du concours « Trésors Occitans » en 2007 et, en 2009, renouvela l'octroi d'une subvention pour l'action de la fondation dans le Gers.

Quant à l'art contemporain, il soutenait les projets des Abattoirs de Toulouse depuis 2007 et était impliqué dans la célébration des 30 ans des FRAC.

Toutefois, il ne concevait pas un engagement culturel qui ne serait partagé par tous et, dans ce but, avait noué un partenariat avec la Fondation « La Dépêche » (Toulouse) dont il partageait l'engagement social et éducatif.

Homme de cœur, homme d'action, ce grand mécène le fut avec élégance et discrétion."

Publié le 25/07/2013
http://www.culturecommunication.gouv.fr/Politiques-ministerielles/Mecenat/Mecenat-articles-a-la-une/Hommage-d-Aurelie-Filippetti-ministre-de-la-Culture-et-de-la-Communication-a-Pierre-Fabre

Ce n'était, "naturellement", pas le moment de rappeler un article de Sud-Ouest du 16 décembre 2012 :

"Déjà, en 1989, l'empereur castrais du médicament, Pierre Fabre, n'avait pas eu à se plaindre de l'action du jeune conseiller technique [Jérôme Cahuzac]. Épinglé par la cour des comptes, son Mexapa bénéficia grâce à Jérôme Cahuzac (sur consigne du ministre Claude Évin) d'un traitement maison. Soit un prix de vente trois fois supérieur à ses concurrents ! À l'époque, « Le Canard enchaîné » avait évoqué la promesse de Fabre d'implanter une usine dans la circonscription...

de Claude Évin. Un deal qui ne fut pas démenti."

http://www.sudouest.fr/2012/12/16/cahuzac-et-les-labos-une-relation-tres-ancienne-910990-4778.php

Le même article notait plus loin : "*Proche de Bernard Charles, le député maire de Cahors - notoire courroie de transmission de Pierre Fabre à l'Assemblée -, Jérôme Cahuzac ne perd pas non plus ses contacts avec les labos.*"

Puis : "*Député de Lot-et-Garonne, Cahuzac n'aura aucun mal à attirer Fabre et Upsa (un labo agenais) pour financer les associations sportives de Villeneuve-sur-Lot. Cette générosité déclenchera l'ire de la droite, qui accusera publiquement le député de bénéficier des « largesses des labos ».* "

En 2004, l'*expansion* :
"*De la pharmacie aux médias, l'industriel tarnais a élevé le maniement des hommes au rang des beaux-arts et, dans l'entreprise comme en politique, a toujours su mettre les autres à son service. Fidèle à sa ville d'origine, il est le vrai maître de Castres et l'un des seigneurs de Midi-Pyrénées.*
Le management de Pierre Fabre est éminemment politique. Le pharmacien de Castres sait depuis longtemps que la marche de son entreprise est soumise aux aléas des décisions gouvernementales. En conséquence, avec un soin méticuleux, il a toujours veillé à

entretenir de cordiales relations avec l'ensemble de la classe politique. Il cultive évidemment une prédilection pour les ministres de la Santé, sans oublier les membres de leur cabinet, qu'à l'occasion il embauche, mission accomplie, dans son entreprise. Ce fut le cas d'Anne-Marie Serre, ex-directrice du cabinet de Bruno Durieux, et plus tard d'Olivier Lamarque, passé du cabinet de Philippe Douste-Blazy à celui de Pierre Fabre, où il officie toujours, ou de Chantal Cransac, qui travailla avec Hervé Gaymard.

Dès 1967, Fabre s'offre un député. Son choix s'arrête sur son ami d'enfance Jacques Limouzy, né, comme lui, à Castres en 1926. Il le convainc de lâcher la carrière préfectorale et de se présenter aux élections législatives, mobilisant les siens, son secrétaire général, Paul Chiaramonti, en tête, pour soutenir la campagne de son poulain.
L'œil aigu du patron a discerné le bon cheval. Limouzy est élu député UDR de la circonscription. Il sera réélu huit fois à l'Assemblée nationale, deviendra maire de Castres, secrétaire d'Etat, conseiller général. Il est aujourd'hui président de la communauté d'agglomération Castres-Mazamet.

(...)
Homme de droite, Pierre Fabre ne confine pas ses relations aux hommes de son propre camp. Il eut pour ami le "milliardaire rouge", Jean-Baptiste Doumeng. Son responsable de

l'information fut, pendant huit ans, à l'autre bout de l'échiquier, le chef de file de l'extrême droite catholique, Bernard Antony, aujourd'hui député européen du Front national.

Les seigneurs de la politique hexagonale comme les féodaux locaux ont tous fait le pèlerinage du Carla: Valéry Giscard d'Estaing et Michel Rocard, Nicolas Sarkozy comme Laurent Fabius, Philippe Douste-Blazy, maire UMP de Toulouse, comme Martin Malvy, président PS de la région Midi-Pyrénées, ou Jacques Blanc, président UMP de la région Languedoc-Roussillon."

http://lexpansion.lexpress.fr/actualite-economique/l-empire-de-l-influence_491279.html

Croustillante, la référence ministérielle d'Aurélie Filippetti au *"partenariat avec la Fondation « La Dépêche » (Toulouse) dont il partageait l'engagement social et éducatif."*

Les liens entre Pierre Fabre et la *Dépêche du Midi* sont d'abord capitalistiques même si l'on peut considérer "dérisoire" une participation de 6% mais selon l'*Express* (octobre 2011) Pierre Fabre figurait au rang des administrateurs du groupe *la Dépêche* ou de l'*Occitane de communication...* les informations sont floues et rares ! Mais peu importe finalement...

Pierre Fabre pouvait, sans problème, posséder "*Valeurs actuelles*", considéré "très à droite" (mais républicaine) et avoir un pied dans "*La Dépêche*" dont "la ligne politique" serait ce qu'il faut appeler "de gauche" dans le Sud-Ouest.

Pierre Fabre, également propriétaire des éditions *Privat...* Les publications des éditions *Privat* sont-elles systématiquement présentées dans leur *Dépêche du Midi* ? Sous l'article consacré à monsieur Martin Malvy (« *Pour décoincer la France : Décentralisons !* », en collaboration avec Nicolas Bouzou, économiste, chez Privat, 2013), aucune mise en garde du genre "attention, actionnaire commun entre les parties en présence." Non, ce genre de précision n'est pas nécessaire dans un pays où les journalistes sont libres. Naturellement les journalistes de la *Dépêche du Midi* présentent à leur fidèle lectorat les œuvres du Président du Conseil Régional... qu'il n'hésite pas à publier chez un éditeur soutenu par le Centre Régional des Lettres... Conflit d'Intérêts ?

Jean-Nicolas Baylet, le fils de Jean-Michel, devenu en janvier 2011 (à 26 ans) directeur délégué auprès de la direction générale du groupe, son numéro 3 (après son père et Bernard Maffre), revenait alors d'une année en Argentine... les voyages forment la jeunesse... dans une filiale du groupe pharmaceutique Pierre Fabre...

Il existe des positions dominantes... et chacun se doit de les respecter... mais un jour "les gens en ont marre" de ce cirque... alors, ils font quoi ?

Des jeunes brûlent des voitures, brisent des cabines téléphoniques, d'autres sont formés... Déterminisme social...
Quant aux aînés, certains nous regardent de haut... alors, un bulletin de vote dans la tronche, nous n'avons que cela...

L'électorat frontiste...

Quel est la spécificité sociologique de l'électorat frontiste demandent des plumes trempées dans la bonne encre des installés ?... Ce sont des amis, quand je me balade sans masque... Je ne suis pas une spécialiste du vote frontiste ni socialiste... « Je ne m'intéresse pas à la politique... ils se ressemblent tous... » Juste une observatrice... Qui saisit donc l'époque... Là où les journalistes ne vont pas, ne voient pas...

Alors que l'électorat de gauche et celui de "droite traditionnelle" seraient clairement identifiés... les électeurs FN ont "longtemps" posé un problème... Déjà ils ne se déclarent pas ouvertement... et en plus n'ouvrent pas leurs portes aux enquêteurs, refusent même de répondre aux questions ! Les vilains... Eh oui, ils mettent dans le même sac les élus et les journalistes qui les soutiennent...

« *La consanguinité journalistes-politiques ravage la démocratie* » résumait Dominique Wolton en novembre 2012. Valérie Trierweiler, "Première Dame" a continué de travailler pour Paris-Match, du groupe Lagardère... également éditeur de la Ministre de la Culture... Que dire alors d'une région où Jean-Michel Baylet, président du Conseil Général du Tarn-et-Garonne, ami des socialistes, mentor déclaré d'une ministre élue députée dans le département, est également patron du puissant quotidien "La Dépêche du Midi" ?

Je ne crois plus aux promesses...

J'ai voté Mitterrand, j'ai voté Jospin...
J'ai même voté Chirac en 2002...
J'ai voté Sarkozy...
La politique, les magouilles, les copains d'abord, le clientélisme...
Je ne crois plus aux promesses...
Donc je peux voter Marine Le Pen... Il arrive un moment où il faut une catastrophe pour se relever, quand on est incapable de trouver des élus de qualité...

Déboulonner les installés

En 2011, dans le canton de Cahors-sud, Evelyne Liarsou, écologiste, sans réelle base électorale, a failli détrôner Gérard Miquel, président du Conseil Général. L'écart de 9 bulletins fut ramené à 7, l'élection annulée par le tribunal administratif de Toulouse en octobre 2011, validée par le conseil d'Etat en juillet 2012.

Monsieur Miquel est ainsi resté sur son siège de Président départemental, qu'il a quitté en 2014 afin d'entrer à la mairie du "plus beau village de France" et au Grand-Cahors... ainsi sénateur et maire, il ne sera pas candidat en 2015... où il aurait été l'homme à battre... peu importait le découpage d'une circonscription taillée à son clientélisme...

Pour "faire tomber" un cacique, l'électorat peut se regrouper derrière des inconnus là au bon moment...

L'anaphore de la Méduse...

Ce titre, les lectrices et lecteurs de ce livre devraient immédiatement l'interpréter, en saisir les subtilités et images. Mais, balancé sur twitter, il pourrait susciter d'ironiques réactions du genre "n'importe quoi", "ça ne veut rien dire"... (dans un français plus SMS !)

Naturellement, "anaphore", aucun électeur du FH2012 n'osera avouer en avoir oublié le sens. Ils ont tellement jubilé... François le poète...

D'abord, l'anaphore médusa l'adversaire (qui a sûrement eut tort de ne pas l'interrompre, confiant ensuite « *Il était ridicule, pendant qu'il parlait, je comptais combien de fois il se répétait. Son attitude sera sanctionnée* »), médusa les chroniqueurs, des rappeurs et finalement l'électorat. Engageait-il ? Les promesses n'engagent que ceux qui les écoutent ?

Il y eut dont la journaliste Laurence Ferrari : « Quel président comptez-vous être ? » Et c'était parti... je pourrais intervenir après chaque phrase... chacun, à sa manière, même si les termes exacts sont oubliés, sent bien (désormais) tout le cinéma de cette séquence :

« Je veux être un président qui d'abord respecte les Français, qui les considère. Un président qui ne veut pas être président de tout, chef de tout et en définitive responsable de rien. Moi président de la République, je ne serai pas le chef de la majorité, je ne recevrai pas les parlementaires de la majorité à l'Élysée.

Moi président de la République, je ne traiterai pas mon Premier ministre de collaborateur.

Moi président de la République, je ne participerai pas à des collectes de fonds pour mon propre parti, dans un hôtel parisien.

Moi président de la République, je ferai fonctionner la justice de manière indépendante, je ne nommerai pas les membres du parquet alors que l'avis du Conseil supérieur de la magistrature n'a pas été dans ce sens.

Moi président de la République, je n'aurai pas la prétention de nommer les directeurs des chaînes de télévision publique, je laisserai ça à des instances indépendantes.

Moi président de la République, je ferai en sorte que mon comportement soit en chaque instant exemplaire.

Moi président de la République, j'aurai aussi à cœur de ne pas avoir un statut pénal du chef de l'État ; je le ferai réformer, de façon à ce que si des actes antérieurs à ma prise de fonction venaient à être contestés, je puisse dans certaines conditions me rendre à la convocation de tel ou tel magistrat ou m'expliquer devant un certain nombre d'instances.

Moi président de la République, je constituerai un gouvernement qui sera paritaire, autant de femmes que d'hommes.

Moi président de la République, il y aura un code de déontologie pour les ministres, qui ne pourraient pas rentrer dans un conflit d'intérêts.

Moi président de la République, les ministres ne pourront pas cumuler leur fonction avec un mandat local, parce que je considère qu'ils devraient se consacrer pleinement à leur tâche.

Moi président de la République, je ferai un acte de décentralisation, parce que je pense que les collectivités locales ont besoin d'un nouveau souffle, de nouvelles compétences, de nouvelles libertés.

Moi président de la République, je ferai en sorte que les partenaires sociaux puissent être considérés, aussi bien les organisations professionnelles que les syndicats, et que nous puissions avoir régulièrement une discussion pour savoir ce qui relève de la loi, ce qui relève de la négociation.

Moi président de la République, j'engagerai de grands débats, on a évoqué celui de l'énergie, et il est légitime qu'il puisse y avoir sur ces questions-là de grands débats citoyens.

Moi président de la République, j'introduirai la représentation proportionnelle pour les élections législatives, pour les élections non pas de 2012, mais celles de 2017, car je pense qu'il est bon que l'ensemble des sensibilités politiques soient représentées.

Moi président de la République, j'essaierai d'avoir de la hauteur de vue, pour fixer les grandes orientations, les grandes impulsions, mais en même temps je ne m'occuperai pas de tout, et j'aurai toujours le souci de la proximité avec les Français. »

Eh oui, comme le candidat à la présidence, chaque élu fait en sorte que son comportement soit en chaque instant exemplaire !!! Qui est exemplaire ?

On va où ?

Mais on y va !

Une colère monte... Certes certaines zones bénéficient de financements privilégiés... Il faudra un jour fournir les chiffres des aides régionales reçues par Figeac au temps où Martin Malvy cumula la présidence de la Région et celle de la Communauté de Communes du Grand-Figeac tout en gardant, jusqu'à 2014, le poste de premier-adjoint de la sous-préfecture lotoise...

Mais chut... comme le résuma Jacques Briat, ancien député du Tarn-et-Garonne, battu en 2007 par Sylvia Pinel : « *Si l'information n'est pas dans La Dépêche, elle n'existe pas, ce sont les avantages d'un monopole.* »

Le retour des plus ou moins petites baronnies...

Fin de cycle

C'est une fin de cycle... La cinquième république est morte.
Les partis ont été complètement accaparés par des arrivistes...
Ils sont de gauche ou de droite simplement par opportunisme...
Y'a plus que le Front de Gauche ou le Front National qui peuvent obliger les démocrates à se réveiller...
Le problème, c'est les partis. Si tu veux y faire ton chemin, il faut soit être la fille ou le fils de, soit être comme eux, rendre service...

Et Sylvia Pinel est arrivée...

Hervé Bourges (ancien président du CSA), interrogé par Jacques Chancel (émission diffusée le 27 mars 2005) : « *La presse régionale qui est une presse indispensable, cette presse dite de proximité. Mais n'a-t-elle pas beaucoup vieilli ? N'est-elle pas une presse encore trop de connivence par rapport aux responsables politiques, économiques, sociaux, culturels, disons de la région.* »
Michel Polac, en mars 2003, aborda également le sujet : « *la presse de province, qui est complètement soumise au pouvoir des notables et des industriels locaux.* »

Nous avons besoin de la presse, de journalistes... mais seule l'indépendance apporte la crédibilité. On ne peut pas servir les intérêts de groupes politiques et ou financiers et ceux de la démocratie.
2ème circonscription du TARN ET GARONNE 2012. Mme Marie-Claude DULAC (FN) obtint 20 417 voix, soit 22,86 % des inscrits et Mme Sylvia PINEL (RDG) 30 445 voix, 34,09 % des inscrits (59,86% des exprimés)...

Aux législatives 2007, bien que M. Jacques BRIAT la devança au premier tour, 37,51% contre 29,17%, madame Sylvia PINEL fut élue avec 50,71% des voix (26 811) contre 26 062 à monsieur Jacques BRIAT. Le candidat Front national était à 5,19 %, celui dit de l'Extrême-droite à 0,67%.

M. Jacques BRIAT déposa un recours devant le Conseil Constitutionnel, enregistré le 26 juin 2007, sa décision du 17 janvier 2008 fut notifiée au président de l'Assemblée nationale et publiée au Journal officiel de la République française le 23 janvier. Siégeaient alors M. Jean-Louis DEBRÉ, Président, MM. Guy CANIVET, Jacques CHIRAC, Renaud DENOIX de SAINT MARC et Olivier DUTHEILLET de LAMOTHE, Mme Jacqueline de GUILLENCHMIDT, MM. Pierre JOXE et Jean-Louis PEZANT, Mme Dominique SCHNAPPER et M. Pierre STEINMETZ.

« Vu la requête présentée pour M. Jacques BRIAT demeurant à Valence d'Agen (Tarn-et-Garonne), enregistrée le 26 juin 2007 au secrétariat général du Conseil constitutionnel et tendant à l'annulation des opérations électorales auxquelles il a été procédé les 10 et 17 juin 2007 dans la 2ème circonscription de ce département pour la désignation d'un député à l'Assemblée nationale ;

Vu le mémoire complémentaire présenté pour M. BRIAT, enregistré le 30 juillet 2007 ;

Vu le mémoire en défense présenté pour Mme Sylvia PINEL, député, enregistré le 3 septembre 2007 ;

Vu les nouveaux mémoires présentés pour M. BRIAT, enregistrés le 25 octobre et le 15 novembre 2007 ;

Vu les nouveaux mémoires présentés pour Mme PINEL, enregistrés le 31 octobre, le 14 novembre et le 17 décembre 2007 ;
Vu les observations complémentaires présentées pour M. BRIAT, enregistrées le 4 décembre et le 17 décembre 2007 ;
Vu les demandes d'audition présentées pour M. BRIAT et Mme PINEL ;
Vu la décision de la Commission nationale des comptes de campagne et des financements politiques en date du 11 octobre 2007 approuvant le compte de campagne de Mme PINEL ;
Vu les observations du ministre de l'intérieur, de l'outre-mer et des collectivités territoriales, enregistrées le 31 octobre 2007 ;
Vu la Constitution, notamment son article 59 ;
Vu l'ordonnance n° 58-1067 du 7 novembre 1958 modifiée portant loi organique sur le Conseil constitutionnel ;
Vu le code électoral ;
Vu le règlement applicable à la procédure suivie devant le Conseil constitutionnel pour le contentieux de l'élection des députés et sénateurs ;
Vu les autres pièces produites et jointes au dossier ;
Les parties et leurs conseils ayant été entendus ;
Le rapporteur ayant été entendu ; »

Je vous invite à consulter le JO, en ligne

gratuitement, si le dossier vous passionne. Je me contente de reprendre (choix d'une chroniqueuse dont vous acceptez la liberté de rendre compte, comme elle l'entend, de sa consultation de documents sur Internet) :

« - SUR LES GRIEFS RELATIFS A LA SINCÉRITÉ DU SCRUTIN :
1. Considérant que la presse écrite est libre de rendre compte, comme elle l'entend, de la campagne des différents candidats comme de prendre position en faveur de l'un d'eux ; que, dès lors, le grief tiré de ce que La Dépêche du Midi aurait apporté son soutien à la candidate élue et n'aurait pas évoqué la campagne du requérant doit être écarté ;
2. Considérant que les propos rapportés par La Dépêche du Midi et que le requérant qualifie d'injurieux à son égard, pour les uns, ne sont pas imputables à la candidate proclamée élue et, pour les autres, n'excédaient pas les limites de la polémique électorale ;
- SUR LES GRIEFS RELATIFS AU FINANCEMENT DE LA CAMPAGNE DE MME PINEL :
5. Considérant que le requérant soutient que le conseil général du Tarn-et-Garonne a indûment pris en charge les déplacements électoraux de la candidate proclamée élue ; qu'il résulte de l'instruction que les déplacements critiqués ont été accomplis dans

le cadre des obligations professionnelles de Mme PINEL en sa qualité de chef de cabinet du président du conseil général ; que, dès lors, le grief doit être écarté ;

7. Considérant que le requérant dénonce la participation de Mme PINEL, le 13 mai 2007, à une manifestation dénommée « la Route du pain », organisée chaque année par le conseil général pour la promotion d'une production locale ; que, toutefois, les circonstances selon lesquelles, d'une part, aucun autre candidat n'aurait été invité à y assister, d'autre part, le président du conseil général aurait fait applaudir Mme PINEL au cours du repas, n'ont pas, à elles seules, donné un caractère électoral à cette manifestation ; que son organisation ne peut, dès lors, être regardée comme un concours en nature d'une personne morale prohibé par les dispositions de l'article L. 52-8 du code électoral ;

10. Considérant que le requérant fait valoir que, dans les mois précédant l'élection, Mme PINEL aurait assuré à temps complet la promotion de sa candidature alors qu'elle était rémunérée par le conseil général qui l'employait, ce qui constituerait une participation au financement de sa campagne ; que, si Mme PINEL a bénéficié du congé de 20 jours pour participer à la campagne électorale, prévu par l'article L. 122-24-1 du code du travail rendu applicable aux agents non titulaires des collectivités

territoriales par l'article L. 122-24-3 du même code, il résulte des pièces produites par le conseil général que la durée de cette absence a été imputée sur celle des droits à congé payé annuel, comme le permet l'article L. 122-24-1 précité ; qu'il n'est dès lors pas établi que le nombre de jours de congés payés pris par Mme PINEL a excédé la limite des droits qu'elle avait acquis à ce titre à la date du premier tour de scrutin ; que, dès lors, le grief doit être écarté ; »

Dans *l'Express* du 19 octobre 2011, avec en couverture « *le vrai pouvoir de La Dépêche du Midi* » et une photo de M. Jean-Michel Baylet, un constat de M. Jacques BRIAT est mis en exergue « *Si l'information n'est pas dans* La Dépêche, *elle n'existe pas, ce sont les avantages d'un monopole.* »

Mais même si le patron du PRG, celui de la Dépêche, et le Président du Conseil Général du Tarn-et-Garonne, c'est le même homme, il convient de conserver précieusement cette délibération du Conseil Constitutionnel pour l'opposer à toute personne qui oserait prétendre qu'il existe un problème démocratique dans la région : « *Considérant que la presse écrite est libre de rendre compte, comme elle l'entend, de la campagne des différents candidats comme de prendre position en faveur de l'un d'eux ; que, dès lors, le grief tiré de ce que La Dépêche du Midi aurait apporté son soutien à la candidate élue et n'aurait pas évoqué la campagne du requérant doit être écarté. »*

Je préfère me taire...

La Pinel... Je préfère me taire... tout le monde sait bien...

Et ils ne se taisent pas forcément !...

En 2017, face à une candidate FN, retrouvera-t-elle son siège de députée ?

Les autruches ne voient rien venir...

Que les adeptes des réactions de l'autruche regardent le Tarn-et-Garonne où, après avoir écarté, en 2007, Jacques Briat avec une grande mise en orbite par la Dépêche du Midi, Sylvia Pinel (introduite dans les campagnes du coin par Jean-Michel Baylet dont elle était chef de cabinet au conseil général) a conservé son mandat de députée en 2012 face à une candidate du FN (59,86% des exprimés, soit 34,09 % des inscrits).

Plus le FN montera, plus le PRG-S sera le meilleur rempart ?... De Michel Noir, nous n'avons retenu qu'une analyse : « *plutôt perdre les élections que son âme.* » Des électeurs de gauche commencent à préférer la défaite de candidats étiquetés de gauche plutôt que de donner de la gauche le pitoyable spectacle auquel trop de citoyens semblent habitués, certes avec fatalisme et dégoût...

Sa *dépêche* lui avait naturellement donné, tendu la plume, en couvrant un « *rassemblement républicain hier soir à Castelsarrasin.* »

Article en ligne publié le 15 juin 2012 sous le titre « *Castelsarrasin. "Nous sommes des combattants de la liberté"* » : « *Il faut combattre et condamner ceux qui défendent ces idées malsaines qui font les nationalismes, et leur dire haut et fort qu'on n'en veut ni en*

Tarn-et-Garonne, ni ailleurs. Car l'Histoire nous donne des obligations, notamment celle de chérir la liberté, la fraternité, la laïcité, et de battre dès dimanche leurs opposants. » Et Jean-Michel Baylet de citer François Mitterrand qui *achevait ses discours en clamant : « Liberté, liberté chérie, combats avec tes défenseurs ».*

La Liberté selon Jean-Michel Baylet ! Sûrement aucune référence à Bousquet dans ce discours...

Alain BAUTE, le journaliste de ce merveilleux article terminait en beauté par *« Dans son propos, Sylvia Pinel a donné le cap. « Notre devoir à tous est de s'opposer à cet extrémisme que certains veulent nous imposer, et des dérives qu'on lui connaît. Dimanche, l'enjeu est de doter notre France pour qu'elle redevienne digne, respectueuse des valeurs qui rassemblent tous les républicains, soucieux de l'avenir qu'elle dessine à sa jeunesse. »*

Les notes d'une Marseillaise fédératrice ont longtemps résonné, générant des frissons. Ceux des grands soirs de campagnes électorales...»

Oh le beau rôle du Front Républicain contre le Front National... Jack-Alain Léger, ils ne lui ont pas pardonné son "*on en est là*"...

Le même journaliste, toujours dans le Tarn-et-Garonne, après les cantonales 2008 se réjouissait « *force est de constater que dans tous les cantons les candidats qui se signalent en votant le budget du conseil général ou en ne s'y opposant pas ont tous été réélus, sauf un. À Grisolles, le sortant Jean-Marc Parienté (Parti Socialiste), battu [par] Patrick Marty (Parti Socialiste), a fait les frais d'une primaire fratricide pour... 14 voix !* » tout en notant « *à Moissac, le radical Guy-Michel Empociello retrouve son siège très largement (plus de 62 %), la candidate du Front national parvenant à signer un inquiétant 38 %...* »

Nous étions à l'étape 60-40 lors d'un duel PRG-FN au second tour... Il restera droit dans ses bottes bayletisées, l'Alain, quand la victoire ne tiendra qu'à quelques voix ?

Dans le Lot la gauche veut faire croire qu'elle écrase tout...

En Tarn-et-Garonne comme en Lot-Garonne, les chefs-lieux de départements ont réussi à s'extirper de la mainmise de la "drôle de gauche" du sud-ouest... De même Toulouse connaît des alternances...

Mais dans le Lot... Forcément, les gens votent à gauche, ils savent que la droite les entrainerait dans le mur...

Super Jean-Marc Vayssouze-Faure le jeune, réélu à 42 ans maire de Cahors au premier tour et "super-maire" du grand-Cahors, Super Martin Malvy réélu à 78 ans à la tête du Grand Figeac...

Mais si, grâce aux difficultés des adversaires à s'organiser dans des villes où l'argent des bonnes relations se déverse à flots, dans "les campagnes" la colère peut nécessiter quelques lignes au rayon des "surprises." Naturellement, il s'agira de simples votes de contestation de ces gens ingrats envers des élus tellement dévoués à leur cause...

Cathy (Catherine dans les documents électoraux) Marlas, conseillère régionale, présidente du parc naturel régional des Causses du Quercy, vice-présidente du "Pays

de Lalbenque", étiquette PS, pensait sûrement s'assurer, ès première adjointe, une facile présence dans les institutions en laissant la modeste mairie de Concots à Gérard Bach...
Elle ne récolte que 143 voix sur 374 inscrits, Gérard Bach tombe même à 115, ni l'un ni l'autre n'entre au Conseil Municipal.

Jean-Claude Requier (PRG), sénateur, maire de Martel depuis 1987 : battu...
Jean Launay (PS), député, aurait bien souhaité un cinquième mandat à Bretenoux : battu...
À Souillac, où le maire (2008 à 2014) PS, Jean-Claude Laval, ne se représentait pas...
Où Martin Malvy fut maire... Pas l'actuel président du Conseil Régional... Mais son arrière grand-père, maire de Souillac de 1892 à 1919...
Louis-Jean Malvy, le fils du précédent, condamné à 5 ans de bannissement par la haute cour de justice le 6 août 1918, y fut maire de 1929 à 1940... Période durant laquelle il s'opposa au Front Populaire, soutint les accords de Munich...
Redevenu député, le 10 juillet 1940, à Vichy, il vota les pleins pouvoirs au maréchal Pétain... En 1945, il fut "frappé d'indignité nationale et inéligibilité" pour 10 ans...
C'est cet homme dont l'actuel Martin Malvy défend le passé (en en occultant une partie) dans son livre publié en 2010... Mais

naturellement chut, il ne faut surtout s'en prendre à un tel homme qui peut se permettre ce genre d'écrits... dans notre pays...

La gauche démontre qu'elle peut s'effondrer même dans le Lot... Dès le premier tour, c'était réglé...

Avec Erick CAMPOT (PS) à 10,87%

Devancé par Anne-Marie DELANNET (Divers gauche plutôt Front de Gauche), certes de peu 11,35%

Pierre MACHEMY (UDI) à 22,35%

Jean-Michel SANFOURCHE (UMP) à 55,41%

Souillac, une défaite symbolique bien peu commentée...

Pourtant, "tout va très bien", l'essentiel est préservé : Malvy, Vayssouze-Faure et Miquel... arrivé douzième au soir du premier tour à Saint-Cirq-Lapopie et finalement rattrapé au deuxième tour dans les onze élus... Seulement 6 candidats furent élus au premier tour... Et finalement l'écharpe tricolore pour permettre de finir "en beauté", sans déroute départementale en 2015 (ou 2016).

Il suffit de donner aux lotoises et lotois le bâton pour les battre, et les barons tombent... Faute d'alternative... Le vote FN risque de surprendre... un jour...

2002 en travers de la gorge...

2002... comme il fut difficile de le placer, ce bulletin Chirac, dans l'urne... Voter Chirac... Notre mauvaise conscience nous a même conduits à considérer cet homme comme un grand Républicain... Nous l'avons rendu digne pour masquer notre indignité...

Mais que s'est-il passé après ce cadeau du peuple au système ? Les mêmes notables ont continué à se servir...

François Fillon a choqué avec l'expression « le moins sectaire » pour l'hypothèse d'un duel Gauche-Front National... Comment choisir entre PRG et FN ? Pourquoi choisir PRG ?

René Bousquet...

"RENÉ BOUSQUET: MORT D'UN COLLABO".
Par Conan Eric, publié le 10 juin 1993 :

« Il n'y aura pas de procès de Vichy. L'assassinat de l'ancien secrétaire général à la police de Pétain éteint l'action de la justice au moment même où, après bien des lenteurs, la procédure intentée contre Bousquet était sur le point d'aboutir.

(...)

Après la mort, en 1959, de son ami Jean Baylet, député radical et propriétaire de "La Dépêche du Midi", il s'installe dans la vie et le journal de sa veuve. Devenu officiellement administrateur de la "La Dépêche", il dirige, en réalité, le quotidien toulousain tout au long des années 60, surveillant de près sa ligne politique antigaulliste, y plaçant ses hommes et évinçant les opposants (notamment Jean-Pierre Amalric). Alors qu'il cherche à nouveau un point de chute électoral, une brouille avec Evelyne Baylet met fin à ses projets et il se consacre désormais à Indosuez. En octobre 1978, l'interview de Darquier de Pellepoix dans L'Express bouleverse cette tranquille reconversion. L'ancien commissaire général aux Questions juives révèle que le coorganisateur de la rafle du Vélodrome d'hiver est devenu un brillant banquier parisien. »

http://www.lexpress.fr/informations/rene-bousquet-mort-d-un-collabo_594761.html

Version que semble confirmer Roland DUMAS dans "Coups et blessures" (2011) : « En 1968, alors que je venais d'être élu député de Brive, Mitterrand m'appelle et me dit "Rendez-vous demain à la Banque de l'Indochine où je vais te faire rencontrer un type très bien." Il me raconte toute son histoire : comment Bousquet était devenu un héros national en sauvant de la noyage des dizaines de personnes lors des catastrophiques inondations de 1930 dans le sud de la France ; puis sa brillante carrière de fonctionnaire, après qu'il fut nommé sous-préfet de Vitry-le-François, à 29 ans, en 1938. Mais rien sur l'Occupation.

Mitterrand me confie aussi que Bousquet, ami de Jean Baylet alors décédé, était devenu l'amant de Mme Baylet, la patronne de La Dépêche du Midi. Bousquet, membre du conseil d'administration du quotidien, en assurait en fait la direction politique. »

Bousquet semble désormais "relativisé" dans l'histoire de ce groupe... On évite même de rappeler que le titre "La Dépêche" fut interdit de publication à la Libération pour collaboration en 1944, qu'il est ressorti en 1947 sous le nom "La Dépêche du Midi"...

Marine, je l'aime pas...

Marine, je l'aime pas... mais ces vampires, je
ne peux plus les voir...
Elle ne fera pas mieux qu'eux...
Mais c'est un grand coup de balai qu'il faut...
J'avais voté Tapie avec cette même idée...
J'avais voté Bové avec cette même idée...
Cette fois, ce sera Marine...
Peut-être qu'enfin ça fera réfléchir...

La mort de Dominique Baudis

La mort de Dominique Baudis impactera-t-elle le vote dans la région Midi-Pyrénées dont il fut le premier président ? Question saugrenue ?

« Ridicule, monsieur Baudis

Publié le 15 juin 2003

AFFAIRE ALEGRE

Et maintenant, « La Dépêche » !

(...)

Nous serions, selon vous, à l'origine des accusations proférées à votre encontre par un assassin en prison et par deux anciennes prostituées. Je ne sais pas si vous les connaissez... Nous, pas !

(...)

S'il ne s'agissait d'une affaire aussi grave, où des femmes sont mortes, nous pourrions sourire d'un tel acharnement à vouloir débusquer des complots partout.

A changer, constamment votre ligne de défense, vous ravivez vous-même les rumeurs, et finirez sans doute par en faire douter certains.

Je peux comprendre vos difficultés et même vos souffrances. Est-ce pour autant une raison de diffamer notre journal ? Pour un président du CSA, est-ce un argument honorable que de s'en prendre à un organe de presse ?

Vous, qui dénoncez la calomnie, qui affirmez que ces témoins vous accusent sans preuve, avez-vous le début d'une preuve crédible qui pourrait laisser croire à de la malveillance de notre part ?

Selon vous, les « raisons » du complot « ourdi » par « La Dépêche » remonteraient aux temps où vous étiez au Capitole. Vous expliquez que nos relations furent pendant dix-huit ans « exécrables ». Exécrables ? Souvenez-vous !

Nous avons soutenu le développement économique de Toulouse, nous avons défendu avec acharnement certains de vos projets pour la ville, comme par exemple le métro. Nous n'avons jamais caché ce que nous pensions de votre gestion. Nous avons toujours dit nos accords, mais aussi nos désaccords, et cela, je le sais, vous ne nous l'avez jamais pardonné.

Néanmoins, « la Dépêche », un des derniers journaux indépendants, continuera à faire son travail, c'est-à-dire faire connaître à nos *lecteurs toutes les informations, plaisantes ou déplaisantes, et ce quelles que soient les pressions ou les attaques qui sont particulièrement nombreuses en ce moment... Notamment dans le cadre de cette « affaire Alègre » qui empoisonne Toulouse et, sans doute, vous fait perdre une part de votre sérénité. Ce qui est excessif est forcément ridicule.*

Par Jean-Michel Baylet »
Suite... relatée par le *Nouvel Obs*... le 21 février 2006.

« Le président du CSA a été relaxé des accusations de diffamation du patron de La Dépêche du Midi. Le tribunal reconnaît la diffamation mais estime qu'il s'agissait de se défendre face à la calomnie.

Dominique Baudis

Le président du CSA Dominique Baudis, poursuivi en diffamation par la Dépêche du Midi et son président Jean-Michel Baylet, qui lui reprochaient des propos les mettant en cause dans son livre intitulé "Face à la calomnie", a été relaxé mardi 21 février par le tribunal correctionnel de Paris.
Jean-Michel Baylet visait plusieurs passages de cet ouvrage publié en janvier 2005 dans lesquels Dominique Baudis accusait le patron du quotidien régional d'avoir eu un "rôle

moteur" dans le cadre de la "machination" le visant, sur fond d'affaire Alègre.

La 17e chambre du tribunal correctionnel a estimé que certains passages du livre de Dominique Baudis étaient effectivement diffamatoires, notamment en raison du fait qu'ils imputent à Jean-Michel Baylet et à la Dépêche du Midi "d'avoir joué un rôle qualifié d''actif' ou de 'moteur' dans la campagne de diffamation et de calomnies menée contre Dominique Baudis, campagne que celui-ci définit comme une 'machination'".

Mais le jugement rendu par la 17e chambre estime que le président du CSA peut bénéficier de l'excuse de la bonne foi.

"Distance nécessaire"

"Objet de très graves accusations dans le cadre d'une sordide affaire de meurtres et de violences à caractère sexuel, Dominique Baudis pouvait légitimement utiliser tous les moyens à la disposition d'un homme politique occupant ou ayant occupé d'importantes fonctions pour faire valoir sa défense", relève notamment le jugement.

Ce dernier estime que si on peut regretter que Dominique Baudis "n'ait pas su trouver la distance nécessaire pour éviter de procéder lui-aussi à des mises en cause incertaines", on doit lui reconnaître le bénéfice de la bonne foi.

Le 14 juin 2005, déjà poursuivi pour les

mêmes raisons par Jean-Michel Baylet, Dominique Baudis avait également été relaxé. »

http://tempsreel.nouvelobs.com/medias/20060221.OB S7648/baudis-a-diffame-baylet-mais-avec-bonne-foi.html

Dominique Baudis est mort. Un cancer entre dans le corps par bien des manières...

Tweets sans réponse

15 mai :
Est-ce pour servir l'intérêt général que vous faites de la politique ? @martinmalvy @SylviaPinel @fhollande @JMBaylet #questionpolitique

14 mai :
@martinmalvy Dans votre livre publié en 2010 vous dressez un portrait flatteur de votre grand-père. Vous avez omis sa condamnation en 1945.

14 mai :
@SylviaPinel Face à une candidate FN, avec 34% des inscrits, vous êtes restée députée en 2012. Le FN est une chance pour le PRG 82 ?

11 mai :
@fhollande M. Le Président, Si le FN est le premier parti de France aux européennes, vous considérerez-vous responsable et coupable ?

11 mai
@JMBaylet Quelle part de responsabilité (PRG + Depeche) vous reconnaissez-vous dans la montée du Front National en Tarn-et-Garonne ?

Les baronnies...

Légalement, par les urnes, des baronnies "républicaines" ont quadrillé le pays.

Est-il bon que des maires se sentent complètement démunis, entre les mains du président de l'intercommunalité et du président du Conseil Général ?...
D'ailleurs nombreux ont jeté l'éponge en 2014 dans nos campagnes...

François Mitterrand, dans sa jeunesse, fustigea "Le Coup d'État permanent"...

Nos nouveaux barons, en toute "logique" (prononcer "cynisme" ?) se réclament même du premier Président socialiste de la cinquième République.

Il suffit de contrôler la région, quelques départements et la plupart des communautés de communes...

Quand le bulletin de vote devient le seul moyen d'hurler "ça suffit", les extrêmes progressent...

Des médias indépendants !

Des médias indépendants... de qui ?

« Néanmoins, « la Dépêche », un des derniers journaux indépendants, continuera à faire son travail, c'est-à-dire faire connaître à nos lecteurs toutes les informations, plaisantes ou déplaisantes, et ce quelles que soient les pressions ou les attaques qui sont particulièrement nombreuses en ce moment... »

Cette *Dépêche* est indépendante des pouvoirs ? Donc Jean-Michel Baylet n'est pas également un pouvoir politique ? De qui se moque-t-il en se prétendant indépendant ? Naturellement, il doit vouloir signifier "indépendant" des grands groupes, genre Lagardère...

Mais qu'est-ce qu'une indépendance dépendante ?

Que la Dépêche soit liée au PRG est une chose mais que le rédacteur en chef d'un hebdomadaire explique *« ils ont les moyens de nous pourrir la vie »*, "ils", les élus du département, est-ce tolérable en démocratie ?... Analyse avant l'absence de présentation du livre d'un ami...

Décentralisation et intercommunalités...

Décentralisation et intercommunalités sont les deux mamelles des petites baronnies...

Des "petites communes" ont refusé l'intercommunalité... Elles y sont venues. Suite aux "amicales pressions"... l'arme des subventions nationales, régionales, départementales... Puisque vous ne voulez pas entrer dans la grande famille, débrouillez-vous !
Un peu comme dans le monde de l'édition où le *Centre Régional des Lettres*, sous l'impulsion de Martin Malvy, ferme la porte à la profession libérale auteur-éditeur... Vous souhaitez être écrivain, inféodez-vous aux éditeurs traditionnels abondamment subventionnés... et ainsi tenus en laisse...

Deuxième phase : petites intercommunalités doivent devenir grandes, donc fusionnent...

Si le maire d'une petite commune veut obtenir "une petite chose", il doit se décarcasser en formalités... et surtout ne pas avoir déplu aux chefs...
C'est ainsi, que l'ensemble des intercommunalités seront tenues par des "professionnels de la politique", des encarté(e)s...

Un livre doit être le plus court possible...

J'aurais pu vous en tartiner trois cents pages. Multiplier les exemples. Le titre se chargeait déjà de l'essentiel... Vous pourrez être déçu(e)... Mais quand l'essentiel est écrit, l'auteure peut placer le point final.
Un poème ou une chanson, c'aurait même été suffisant... Mais notre année avait besoin d'un tel livre...

La concision...

« E pur si muove ! », traduite de l'italien en « Et pourtant elle tourne. »

Galilée, forcé, devant l'Inquisition, d'abjurer sa théorie, l'aurait marmonnée en 1633.

En 1633, il ne fallait surtout pas affirmer que la Terre tourne autour du Soleil...
Comme en 2014, il reste inacceptable de prétendre que "de vrais électeurs de gauche" puissent voter FN.
C'est qu'ils ne sont pas vraiment de gauche ! C'est qu'ils sont de la masse (les 33% !) sans réelles convictions... Alors qu'être de gauche, c'est avoir des convictions... Oh Baylet, Malvy, elles sont belles leurs convictions.

« Et pourtant elle tourne... »
L'expression s'emploie discrètement, en murmurant, face à des "experts", des "spécialistes", des "sommités" et leurs vérités assénées en vérités indéniables...

Le cumul des mandats en France

Le chef d'un exécutif local (président de conseil régional, président de l'assemblée de Corse, président de conseil général, maire, maire d'arrondissement) ne peut pas exercer un autre mandat de chef d'exécutif local.

Mais "bizarrement" les mandats au sein des structures intercommunales n'entrent pas dans la limitation du cumul des mandats. Ce qui pouvait se comprendre... le président d'une intercommunalité étant "naturellement" le maire de la commune la plus importante... mais cette loi semble avoir été considérée comme "une faille." Ainsi, de plus en plus de pouvoirs furent transférés des communes aux intercommunalités... naturellement pour une meilleure organisation, blabla blabla...

Ainsi le Président de la Région Midi-Pyrénées, Malvy Martin, n'est naturellement plus maire de Figeac (Premier adjoint, Finances, jusqu'en 2014) mais dirige « Le Grand Figeac », regroupement de 79 communes (74 lotoises et 5 aveyronnaises), soit plus de 42 000 habitants, la plus grande Communauté de Communes du Lot.

Jean-Michel Baylet président du conseil général de Tarn-et-Garonne, Sénateur de Tarn-et-Garonne, simple Conseiller municipal de Montjoi, 180 habitants, un poste suffisant pour présider la communauté de communes des Deux Rives, composée de 28 communes... Mercredi 22 janvier 2014, le Parlement a définitivement adopté le projet de loi "durcissant" les contraintes en interdisant le cumul de fonctions exécutives locales avec le mandat de député ou de sénateur.

Ainsi... après le 31 mars 2017, un parlementaire (député, sénateur) ne pourra plus être maire, adjoint, président ou vice-président d'un établissement public de coopération intercommunale, d'un conseil départemental, d'un conseil régional, d'un syndicat mixte... ce qui laissera encore des possibilités de cumul mais sans représentation à Paris !

Les baronnies perdureront... La France des baronnies...

La grande opacité des communautés de communes...

Les "grandes responsabilités" y ont été "déléguées"... ainsi à la mairie on répond "ce n'est pas nous mais la communauté"... les petites communes n'y ont qu'un représentant... normalement... et les citoyens restent le plus souvent sans informations sur les décisions et même le mode de fonctionnement...

Heureusement, à Montcuq, la liste conduite par Charles Farreny fut vaincue... sinon il est peut probable qu'elle eut fourni un "Compte-rendu non officiel" des réunions municipales et communautaires...

Il existait la communauté de communes de Montcuq (16 communes) et la communauté de communes de Castelnau-Montratier (7 communes). De taille humaine à peu près équivalente. Depuis le 1er janvier 2014, elles ont fusionné. 23 communes. Environ 7800 habitants.

Ainsi est née la communauté de communes du Quercy Blanc avec *"pour ambition de développer des projets et d'améliorer les services proposés aux citoyens"*, d'abord présidée par Jean-Claude BESSOU, Conseiller Général du Canton de Castelnau-Montratier... avant les municipales...

Publié le 16 avril 2014

"Un seul candidat pour la présidence : Jean-Claude Bessou, conseiller municipal de L'Hospitalet, vice président du Conseil Général.
Il s'agit d'un vote à bulletin secret où tous les votants sont appelés tour à tour à passer dans l'isoloir avant de glisser son bulletin dans l'urne. 41 pour, 3 blancs.

M.Bessou propose les vices présidents..."

Ce qui donne :

- Jean-Claude Bessou, président (élu de Lhospitalet)
- Bernard Vignals, premier vice-président (maire de Lascabanes)
- Jacques Rols, deuxième vice-président (premier adjoint à Castelnau)
- Christian Bessières, troisième vice-président (maire de Saint-Matré)
- Maurice Roussillon, quatrième vice-président (maire de Cézac)
- Marie-José Sabel, cinquième vice-président (maire de Sainte-Croix)
- Jean-Pierre Alméras, sixième vice-président (maire de Lhospitalet)
- Didier Boutard, septième vice-président (maire de Saint-Laurent-Lolmie)

Le chroniqueur précise : *"Garde, maire de Castelnau-Montratier, trouve important que les maires des deux chefs-lieux de canton ne soient qu'au bureau parce qu'ils ont déjà beaucoup de boulot."*

Même pas à classer au rayon "humour"... Pour rappel Jean-Claude Bessou est également Vice-président du Conseil Général, ce qui semblerait donc être une fonction moins prenante que maire des 1 885 habitants de Castelnau... Quant à Jean-Marc Vayssouze-Faure, maire de Cahors, il parvient à présider le Grand-Cahors, et Martin Malvy, président du Conseil Régional et du Grand-Figeac... ce qui ne constitue même pas, officiellement, un conflit d'intérêts... oh mais oh là là, on a beaucoup de boulot à Castelnau...

Passage aux *"Indemnités du président : max 41,25 % de l'indice brut mensuel 1015, choisi 32%."* Avec un *"Vote à l'unanimité à main levée."*
Puis *"des vice-présidents : max 16,5 choix 12%."*
Eh là, c'est le grand moment : *"- Bernard Resseguier, maire de Sainte Alauzie, se lève et dénonce une inflation des indemnités de 10 000 € par rapport à la somme des indemnités des 2 anciennes communautés de communes avant leur fusion. Il est temps d'arrêter la course aux indemnités, propose*

au moins de ne pas donner pareil à tous les vice-présidents.
- un autre élu a dit qu'effectivement on pourrait moduler les indemnités
- Bessou répond qu'il comptera bcp sur les vice-présidents. Il explique que les communautés de communes n'ont pas demandé aux comcom de grossir ni de fusionner. Il maintient cette proposition.
- 6 abstentions à main levée."

Depuis, une chanson a fleuri :

Savez-vous piquer des sous ?

Savez-vous piquer des sous
À la mode
À la mode
Savez-vous piquez des sous
À la mode de Bessou

On les pique à Castelnau
Les gogos, les gogos oh
On les pique à Castelnau
Les gogos sont comme des veaux

Savez-vous piquer des sous
À la mode
À la mode
Savez-vous piquez des sous
À la mode de Bessou

On les pique jusqu'à Montcuq
Les gogos, les gogos oh
On les pique jusqu'à Montcuq
On t'entube jusqu'à la nuque

Savez-vous piquer des sous
À la mode
À la mode
Savez-vous piquez des sous
À la mode de Bessou

On les pique discrètement
30%, 30%
On les pique en s'augmentant
Président 7 vice-présidents

Savez-vous piquer des sous
À la mode
À la mode
Savez-vous piquez des sous
À la mode de Bessou

On les pique en souriant
Homme charmant, homme charmant
On les pique délicat'ment
En homme de bonne gauche forcément

Plus 10 000 euros, annuel, bagatelle ? Quand
deux communautés fusionnent, naturellement,
il s'agit d'apporter un meilleur service à
moindre coût aux populations ?

Les indemnités annuelles cumulées des élus des anciennes communautés de communes atteignaient 42 000 euros, environ.

Pour le Jean-Claude Bessou BAND : 52916,46 euros.
Soit : +30% !

En première mesure censée marquer les esprits, le président normal FH2012 décréta une baisse du salaire des ministres de... 30%... C'est presque drôle...

Le service aux populations (non membres du PRG) on peut l'imaginer mais pour le coût, c'est déjà un fait... Naturellement, ces indemnités se cumulent aux autres ailleurs acquises...

Après cette élection, l'hebdomadaire *La Vie Quercynoise* a interrogé le nouveau président... Je passe rapidement sur ses objectifs en souriant du "*Nous avons la chance d'avoir une Communauté de Communes à taille humaine, favorisant un fonctionnement démocratique.*" Pour observer les deux dernières répliques...
« - Comprenez-vous la décision de Gérard Miquel de quitter la présidence du Conseil Général ? Que souhaitez-vous à son successeur Serge Rigal ?
- Il s'agit d'une décision personnelle. Je

souhaite à Gérard Miquel du succès, dans ses nouvelles fonctions de maire de St-Cirq-Lapopie, le « village préféré des Français ». Je le remercie, pour ce qu'il a apporté au Département.

Quant à son successeur Serge Rigal, je lui souhaite de réussir, dans sa nouvelle mission. Je ne doute pas de ses capacités, ni de son dévouement entier au service de notre collectivité.

- Serez-vous candidat à votre réélection, lors des élections départementales de mars 2015 ?
- La réforme territoriale, ayant entraîné la refonte des cantons, m'a mis dans une situation inconfortable, vis-à-vis de mes administrés. Ainsi, je n'ai pas pris de décision, quant à une éventuelle candidature. »
http://www.laviequercynoise.fr/communaute-de-communes-du-quercy-blanc-jean-claude-bessou-un-president-a-la-manoeuvre-86322.html

Naturellement, la vacuité de la réponse sur Gérard Miquel pourrait servir à cerner l'homme... mais elle m'apparaît mettre en évidence, avec la conclusion, la situation de ces notables sans assise populaire mais qui parviennent à se caser ailleurs quand vraiment ils sentent le vent trop mauvais... Miquel à St-Cirq-Lapopie et au Grand-Cahors, Bessou dans cette communauté... et à 70 ans ils pourront se balader avec la satisfaction d'une carrière bien remplie, et même des médailles au cou... et des casseroles aux...

même non, soyez sérieux, mes lecteurs chéris...

Dans les communautés de communes, seul le maire représente les plus petites... sauf exception... Car même si elle est souple, il existe une loi sur le non-cumul des mandats, spécifiant *"Le chef d'un exécutif local (président de conseil régional, président de l'assemblée de Corse, président de conseil général, maire, maire d'arrondissement) ne peut pas exercer un autre mandat de chef d'exécutif local."*

Ainsi, un maire, même de Montjoi, 180 habitants, ne peut pas être président du Conseil Général du Tarn-et-Garonne. Et la loi stipule "Communes de moins de 1 000 habitants : pas de liste spécifique
Dans les communes de moins de 1 000 habitants, les citoyens éliront leurs conseillers municipaux et leurs conseillers communautaires à l'aide d'un bulletin de vote ne mentionnant que la liste des candidats aux élections municipales. Les conseillers communautaires seront désignés parmi les membres du nouveau conseil municipal élu, suivant l'ordre du tableau (maire, adjoints puis conseillers municipaux) et dans la limite du nombre de sièges attribués à la commune au sein du conseil communautaire."
S'il n'y a qu'un élu au Conseil Communautaire, c'est forcément le maire... Donc il faut qu'il y

en ait deux à Montjoi afin que le président du Conseil Général puisse présider la communauté de communes des deux rives !

Et il en est ainsi ! 52 délégués... et même une explication dans sa Dépêche : « *Vingt-deux communes ont deux délégués et quatre seulement ont un délégué, car il a fallu s'adapter, à la marge, à la dernière réforme territoriale, expliqua aux nouveaux délégués entrants Jean-Michel Baylet. Je rappelle que, si l'on avait suivi les directives, Valence-d'Agen aurait eu douze délégués...* »

http://www.ladepeche.fr/article/2014/04/19/1866185-la-cc2r-a-deja-fait-sa-rentree.html

4 communes ont moins d'habitants que Montjoi dans cette communauté : Le Pin à 123, Perville à 123, Grayssas 128, Saint-Cirice 166. Donc un représentant, le maire.

Ensuite, de Montjoi, 180 habitants, à Lamagistère 1 132 habitants : 2 représentants ! Le maire et le premier adjoint. Sont ainsi également soumis : Saint-Antoine 205, Sistels 207, Merles 227, Saint-Vincent-Lespinasse 227, Saint-Michel 241, Bardigues 266, Saint-Clair 274, Mansonville 276, Clermont-Soubiran 365, Espalais 409, Gasques 431, Saint-Loup 497, Castelsagrat 551, Pommevic 592, Saint-Paul-d'Espis 606, Goudourville 908, Golfech 943, Auvillar 954, Donzac 1 020, Malause 1 085.

S'agissait-il d'embrouiller ses lecteurs ? Simple coquille ?

Dunes, 1 196 habitants, n'a également que 2 représentants.
Valence, 5 143 habitants, n'a également que 2 représentants !
http://elections.interieur.gouv.fr/MN2014/082/082186.html

Deux contre douze « *si l'on avait suivi les directives.* » Faut-il applaudir ou s'indigner ?
Ainsi, de Montjoi, 180 habitants à Valence 5 143 habitants : 2 représentants ! Les uns représentent 90 habitants, les autres 2571...

28 communes : 4*1 + 24 * 2 = 52 représentants. Et personne ne s'indigne... Les recommandations ne sont pas des obligations... Les installés peuvent donc "truquer" l'assemblée suivante...
24 communes ont deux délégués dont Valence... « *si l'on avait suivi les directives, Valence-d'Agen aurait eu douze délégués...*»
Les directives, monsieur Baylet peut les ignorer et fabriquer une règle électorale qui lui convient. Ce n'est pas ainsi ? Qui d'autre est favorisé ?

"Naturellement", le Président, Jean-Michel Baylet est aidé de nombreux "adjoints"... dont la rémunération n'est pas notée...
1er vice-président, Alexis Calafat (maire de Golfech);
2e vice-président, Jean-Paul Terrenne (maire de Donzac);

3e vice-président, Jacques Bousquet (maire de Valence-d'Agen);

4e vice-président, Christian Astruc (maire de Dunes);

5e vice-président, Gilbert Abarnou (maire de Bardigues);

6e vice-président, Jean-Paul Delachoux (maire de Pommevic);

7e vice-président, Christian Sazy (maire de Gasques);

8e vice-président, Eric Delfariel (maire de Perville);

9e vice-président, Olivier Renaud (maire d'Auvillar);

10e vice-président, Marcel Molle (maire d'Espalais);

11e vice-présidente, Francine Fillatre (maire de Castelsagrat);

12e vice-président, Marcel Bardols (maire de Saint-Vincent-Lespinasse);

13e vice-président, Philippe Longo (maire de Lamagistère);

14e vice-président, Robert Baffalio (maire de Saint-Loup); 15e vice-présidente, Marie-Bernard Maerten (maire de Malause).

Presque tout le monde est servi !

Naturellement sa Dépêche sait présenter cela comme une bonne chose... Le dégoût...

La prochaine fois, ce sera Marine...

Le député UDI Yves Jégo reconnaît l'entendre de plus en plus souvent : "*Puisque c'est comme ça, la prochaine fois, ce sera Marine.*"

Elle a déjà réussi à imposer son prénom...

Chacun sa raison...

Tout le monde a une bonne (mauvaise) raison de Voter Front National...

Avec les branquignoles au pouvoir, forcément que la Marine monte !

Aux mangeoires de la république, se goinfrent des élus dont l'étiquette gauche ou de droite relève plus de l'opportunisme (genre la région vote à... il y aura une alternance dans la ville de...) que d'idées...
Et il n'y a que le FN pour renverser la table...
Car le Front de Gauche se rallie si souvent au PS...

Après 2013...

2013... législatives partielles... en mars, dans la deuxième circonscription de l'Oise, Florence Italiani, 27 % des voix au premier tour... Elle perd ensuite... avec 48,5 %...
En juin, suite au CahuzacGate... Étienne Bousquet-Cassagne, 26 % des voix au premier tour... 46 % au second.

Mais quel élu a, depuis, concédé une part de responsabilité ? Les françaises et les français qui se laissent tenter par le vote FN sont des sots qui ont oublié 1933... blabla blabla... et ces notables qui ont confisqué la démocratie, comment les appeler ?

La France pense comme le FN ?

Une petite liste permet de redouter une contamination...

Un Français sur trois voudrait sortir de l'euro (revenir au franc... peut-être même l'ancien franc pourrait récolter des suffrages).

Deux Français sur trois penseraient qu'il y a trop d'étrangers en France...

Deux Français sur trois penseraient que l'islam est incompatible avec les valeurs du pays... Sur ce sujet... il suffit d'observer les pays où la loi musulmane est appliquée et la Constitution Française... c'est très différent... Mais la Constitution Française est-elle respectée ?... Non, un homme de gauche doit accepter le communautarisme si le FN le dénonce et soutenir les musulmans ?

Sept Français sur dix souhaiteraient diminuer les pouvoirs de l'Europe, donc renforcer les pouvoirs nationaux... Ils croient vraiment que nos parlementaires feraient mieux ? Ils ignorent que, normalement, des parlementaires français travaillent aux lois européennes ?...

Neuf Français sur dix penseraient que la classe politique ne se préoccupe pas des gens... Donc un français sur dix a de "bonnes relations" ?

Deux Français sur trois penseraient que les politiciens sont « tous pourris. » Et si la question était "se préoccupent de leurs intérêts ou de l'intérêt général" ?

L'adhésion au programme du FN ne semble pas nécessaire pour voter... Sur le même thème : qui aurait voté pour le programme de François Hollande ? Il s'agissait simplement de remplacer Nicolas Sarkozy... Les idées... finalement, on en fait des tonnes, d'articles, de débats, même des livres... et dans l'isoloir, les braves gens (dont ceux qui n'aiment pas que l'on suive une autre route qu'eux...) votent souvent à l'émotion...

Le jeu du "de toute manière le FN n'aura jamais les vrais pouvoirs"

Au jeu du "de toute manière le FN n'aura jamais les vrais pouvoirs"... ils continuent à gangrener la République...

Ils vont voir, dans leurs mairies, le FN... Ces villes qui ont voté FN seront les moutons noirs des départements et des régions... Plus de partenariat... et dans quelques mois, ce sont les électeurs qui vont le regretter...

Ah ah, comme les républicains sont forts pour barrer la route au FN !

Nous irons jusqu'au mur ?

De toute façon, nationalement, le FN ne dépassera jamais plus de 20 %, car 80 % des Français sont fondamentalement opposés à l'extrême-droite.

2017... Bien pire que 2002 ?

Comme en 2002, le FN devrait se qualifier en 2017 au second tour de l'élection présidentielle. Avec une gauche PS-PRG décomposée, siphonnée par l'extrême-gauche... Une droite où Nicolas Sarkozy peut aisément concevoir représenter "le camp républicain" au deuxième tour... François Fillon et Bayrou, tout comme Alain Juppé auraient autant de chances...

Alain Juppé contre Marine Le Pen en 2017... comme ce serait drôle... le "fils"... disons spirituel de Chirac contre la fille de Le Pen...

Ps, Prg, Ump, Modem, Udi... un consensus devait permettre d'éviter Marine Le Pen à l'Elysée... et comme en France le Président est le vrai maître du jeu... toute région ou département dans l'escarcelle FN découvrirait la même logique implacable que les maires... L'édifice France est solide...

Les électrices et électeurs en ont conscience... et les victoires du FN proviendront également de ce jeu dangereux avec la démocratie auquel se livrent les installés pour conserver leurs avantages...

Toutes les sociétés sont mortelles...

La cinquième République s'éteindra, forcément, un jour... La caste dirigeante, accaparatrice et corrompue (pour résumer !) peut légitiment espérer tirer autant d'avantages de la prochaine...

Pourquoi voter Front National quand on est dans la merde ?

L'humour du désespoir Républicain.
Puisqu'on ne s'en sortira pas...
Puisqu'il est impossible de raisonner nos "républicains"... Alors "Puisque c'est comme ça, la prochaine fois, ce sera Marine."

Bernard Charles le 23 octobre 2013, dans *la Vie Quercynoise.*

« - Éliminée au premier tour de l'élection cantonale partielle de Brignoles, la gauche a dû se contenter d'appeler à voter UMP au second tour, mais c'est le FN qui l'a emporté. Que vous inspire cette situation ?
- Avouons que cette région n'a jamais été une terre d'élection pour la gauche. Cependant, l'élimination de la gauche au premier tour dénote que les gens en ont marre de la politique. Nombreux sont ceux et celles qui se disent « 10 ans de droite sans que nos problèmes aient été résolus et depuis un an et demi un gouvernement de gauche empêtré dans la crise avec des couacs à répétition, pourquoi ne pas essayer le vote FN ». Il y a un désenchantement de la vie politique, qui conduit à la tentation du vote extrême, alors que le programme du FN ne tient pas ! Vous imaginez les conséquences catastrophiques, que cela aurait pour notre économie, le seul fait de sortir de la zone euro comme le préconise Mme Le Pen. Le programme n'est pas crédible mais il attire des gens, parce que ce parti n'a jamais été au pouvoir. Il faut reconnaître qu'il évoque les vrais problèmes des gens, sans pour autant savoir les régler. Et ne nous méprenons pas, le risque est réel,

notamment en raison de la crise mondiale que nous traversons, de voir des personnes se laisser aller à de telles dérives, lors des prochaines municipales. »

Mais oui, Bernard ! Juste « *un désenchantement* », nous étions enchantés !... Nous nous sentons plutôt entubés... « *notamment en raison de la crise mondiale que nous traversons.* » Finalement, un peu le même discours qu'au FN... pour madame Le Pen nos maux viennent de l'Europe pour monsieur Charles de la crise mondiale. Les méchants, ce sont bien les autres, le responsable est toujours l'extérieur. Le lien entre des élus et le groupe Fabre, par exemple, ne contribuerait pas à dégoûter des électeurs même de gauche ? Des élus en place depuis des décennies, prétentieux et mesquins, naturellement, ces gens-là sont des Républicains !... Mais il arrive un jour où les actes doivent suivre les paroles... Paroles républicaines, politique mafieuse... montée des extrêmes...

Quand un programme n'est pas crédible mais qu'il attire « des gens », que font les élus ? Ils continuent. En pensant, ne nous inquiétons pas, on agitera 1933 et ils voteront pour nous... Oui, les gens en ont marre de ces notables... C'est bien la classe politique qui doit être changée, mais pas avec de jeunes clones des aînés coupables. Qui osera, un seul exemple, lancer une demande à la Suisse de situation fiscale sur l'ensemble des députés, sénateurs, présidents de régions et départements ?... J'en demande trop ? Le risque de séisme est trop élevé ? La cinquième République s'effondrerait ? Hé bien, puisqu'il faudra un jour passer à la sixième... Que retiendra-t-on de la cinquième république ? Le clientélisme, l'eau contaminée, l'amiante, les oligarchies triomphantes...

Le clientélisme, y'en a marre !

- La politique n'est pas faite pour rendre service aux amis mais pour assurer une société juste...
Alors, changez ou partez.
D'ailleurs, s'il ne tenait qu'à moi, c'est à coups de pieds dans le cul que vous passeriez par la case justice.

Le clientélisme... Le FN n'a même pas besoin de promettre qu'il n'installera pas son propre clientélisme... Pas besoin de promettre une opération "mains propres"... Juste que ceux qui ont trahi la République dégagent... Le clientélisme a gangréné la cinquième République...
La cinquième République dans l'Histoire ? La République du clientélisme.

Valeurs de gauche ?

Des valeurs de gauche ?

Vous voulez dire "des voleurs" de gauche ?

Un ah ! ou un oh !...

A ou O... choisissez la bonne voyelle...

Con... sonne...

Sous quelles valeurs peuvent être réunis des hommes comme Malvy, Baylet, Tapie...

Le 30 août 2011... *rue89* interrogeait, avec les mots d'internautes, le candidat Baylet sous le résumé : « *Le PRG n'est pas une officine franc-maçonne.* »

« BernardN : - Comment se fait-il que le PRG intègre des gens aussi sulfureux que Bernard Tapie ou Thierry Meyssan ?
Jean-Michel Baylet : - Bernard Tapie a été chez nous à une période où il était l'idole des Français ou pas loin, hein. Ministre de François Mitterrand – nous étions d'ailleurs dans le même gouvernement – personnage numéro un dans tous les sondages de notoriété et d'estime, coqueluche des médias et de tout le monde.
Ensuite, Bernard Tapie a eu des déboires. Il

n'est pas dans les habitudes des radicaux de coller des coups de pied aux fesses aux gens quand ils sont en difficulté, alors qu'on les a accueillis et qu'on a construit des choses ensemble. Il a pris du recul par rapport à la politique, par rapport aux radicaux, aujourd'hui sa cote de popularité est moindre, encore que quand il m'arrive de le rencontrer, je vois que dès qu'il met le nez dans la rue, tout le monde s'agglutine encore autour de lui, mais c'est vrai que les choses sont différentes. »

Soyez populaire !

Front Républicain

Front Républicain... un franc républicons... pour les amateurs de contrepèteries...

Vous ne nous y reprendrez plus !

Il a suffi d'une décennie pour balayer le concept... Avec, pour l'histoire, en résumé, une photo de Jérôme Cahuzac ministre devant l'écriteau "lutte contre la fraude fiscale."

Le Front Républicain... ce fut un peu la même chose... des élus en lutte contre les ennemis de la république...

Comment sortir de l'impasse ?

Je n'ai aucune solution. Pourtant je m'intéresse au problème depuis des années... J'ai observé la dérive... préférant souvent me taire... Sourire aux Malvy, Baylet et compagnie croisés... Il ne faut pas se faire d'ennemis quand on publie des livres... Ces gens-là sont très rancuniers...

Naturellement, si "la droite" a laissé faire dans le sud-ouest, c'est qu'ailleurs, avec Hersant et Dassault, elle tenait d'autres presses régionales...

Bernard Tapie se verrait bien le Baylet du sud-est... D'ailleurs il porta les couleurs du PRG... Encore un grand homme de gauche...

D'ailleurs Robert Hersant, condamné en 1947 à dix ans d'indignité nationale pour collaboration avec l'Allemagne nazie (il bénéficia d'une amnistie générale en 1952... rappel, Louis Malvy est décédé en 1949), est passé par le Parti radical-socialiste... Les valeurs du radicalisme...

Je n'ai aucune solution. Mais je la sens, la colère... tellement brouillonne... Comment faire ? Tellement de structures fonctionnent sur le clientélisme... les bonnes relations... "tout se fait par relations dans nos métiers"...

Je n'ai aucune solution. Pourtant la France continue de tenir. Le Président n'a même pas été obligé de dissoudre l'Assemblée après les "incroyables révélations" sur Cahuzac Jérôme. L'ancien maire de Villeneuve-sur-Lot est-il un "un ami de jeunesse" de Brice Gayet, professeur de pathologies digestives ?... et père de Julie Gayet, qui semblerait avoir soutenu de tout son être M. François Hollande.

La Dépêche du Midi...

Dans *l'Express* du 19 octobre 2011, avec en couverture « *le vrai pouvoir de La Dépêche du Midi* » et une photo de M. Jean-Michel Baylet, vous vous souvenez du constat mis en exergue « *Si l'information n'est pas dans* La Dépêche, *elle n'existe pas, ce sont les avantages d'un monopole.* » M. Jacques Briat y résumé la vie dans notre région.

Néanmoins, il est impératif de rappeler la délibération du Conseil Constitutionnel pour l'opposer à toute personne suffisamment inconsciente pour oser déplorer un problème démocratique dans la région : « *Considérant que la presse écrite est libre de rendre compte, comme elle l'entend, de la campagne des différents candidats comme de prendre position en faveur de l'un d'eux ; que, dès lors, le grief tiré de ce que La Dépêche du Midi aurait apporté son soutien à la candidate élue et n'aurait pas évoqué la campagne du requérant doit être écarté.* »
Même la plus haute juridiction conforte ce système donc, à genoux ! Les valeurs du radicalisme !

M. Malvy Martin débuta sa carrière politique tout en suivant la campagne pour la *Dépêche du Midi*. Il était journaliste. Ce qui, selon lui, n'a jamais posé le moindre problème.

M. Martin Malvy et la *Dépêche du Midi*, une longue histoire d'amour : « *J'ai d'ailleurs essayé très vite, dès mon bac en poche, d'entrer à la* Dépêche du Midi, *tout en poursuivant mes études. Jean Baylet nous a bien reçus, mon père et moi, mais m'a conseillé de ne pas me montrer aussi pressé :* « *je veux bien vous accueillir, mais faites vos études d'abord, c'est plus sérieux.* » »

Quant à son entrée en politique, candidat aux législatives de 1968, jeune journaliste à la *Dépêche du Midi* il prétend avoir exprimé des réticences... mais Denis Forestier « *levait la séance en me lançant ainsi qu'aux autres :* « *viens, on y va.* » *Comme je lui demandais où, il me répondit :* « *tu verras.* » *Ce n'est que dans la voiture qu'il me dit :* « *on va à Valence-d'Agen. J'ai appelé Évelyne-Jean Baylet. Elle nous attend.* » *Veuve de Jean Baylet, elle avait pris les rênes de La Dépêche qu'elle tenait avec autorité. J'ai toujours eu de l'admiration pour cette femme, agrégée de français et latin, qui n'a eu de cesse de respecter et de perpétuer la ligne politique de La Dépêche du Midi (...) Voilà comment je me suis lancé en politique.* »
Est-il utile de commenter ? Adoubé par la grande prêtresse du radicalisme !... « *La ligne politique de La Dépêche du Midi* » ne doit pas s'extrapoler en "journal politique." Nuances. Néanmoins il existe bien une « *ligne politique*

de La Dépêche du Midi. » Selon Martin Malvy qui s'y connaît sur ce sujet.

Le père, la mère, et le fils, toujours connu sous le sobriquet de « *veau sous la mère* » chez les "jaloux", ces mauvaises langues de notre région (qui malheureusement, dans l'isoloir, votent très souvent avec habitude et fatalisme) : « *Jean-Michel Baylet avec qui j'entretiens des relations amicales et politiques depuis longtemps avait été l'un des premiers à me pousser à me représenter* » (en 2010) Sûrement n'a-t-il jamais eu à s'en plaindre ! (quelle part du budget communication à la Dépêche ?)

Un sublime passage d'anthologie sur le cumul journaliste à *la Dépêche* de Cahors et homme politique du Lot : « *Quand je suis devenu chef d'agence à Cahors, j'ai essayé de m'en tenir, autant que faire se peut, à une certaine neutralité dans le traitement des campagnes électorales. Si mes souvenirs sont bons, quand j'accordais cent lignes à Bernard Pons, je m'en accordais le même nombre. À la réflexion, je me demande si c'est tout à fait exact. Ce dont je suis sûr, c'est que je n'étais pas mieux traité que les autres candidats de gauche dans la région.* »

Ce dont nous devons être sûrs, c'est qu'il traitait aussi bien les autres candidats **de**

gauche de la région que lui... Un jeune journaliste doit faire ses preuves... (d'un total dévouement à « *la ligne politique* » ?)

Mais il y a une chute, une relance des journalistes. Et elle mérite son kilo de truffes.

« - *Vos adversaires n'ont jamais mis en avant cette double casquette ?*

- Non, cela n'a jamais été un argument de la droite dans le département. »

Vais-je chercher une rime à truffes ? Vu sous un certain angle, il a raison : qu'il soit ou non journaliste à leur *Dépêche* n'y changeait pas grand chose car comme il le déclara « *Ce dont je suis sûr, c'est que je n'étais pas mieux traité que les autres candidats de gauche dans la région.* » Il n'était qu'un pion du grand échiquier de cette gauche, la droite aurait "frappé sur sa double casquette" que ça n'y aurait rien changé ! Le problème n'était nullement le jeune Malvy mais le système de cette gauche avec la ligne politique de leur Dépêche omniprésente. M. Malvy Martin ose même « *Il y a du service public dans la presse régionale.* » Mais quand faire de la politique consiste à rendre service, le service public n'est sûrement pas au service de l'ensemble du public.

Presque en conclusion (page 219) M. Martin Malvy pense « *je me suis dit qu'il s'était effectivement créé entre les Midi-Pyrénéens et moi une relation particulière.* » Mais je doute

qu'il s'en avoue un jour la réelle particularité :
une forme de fatalisme, plutôt lui que Jean-
Michel Baylet...

Les liens entre la presse et la politique me
semblent relever du risque de conflits
d'intérêts. La presse d'information peut-elle
tenir son rang de quatrième pouvoir quand
elle suit une « ligne politique » ? Cette presse
doit-elle être soutenue par la collectivité
comme presse d'information ? Ou s'inscrire
dans la presse également utile mais
différente, "la presse politique" ?
Je doute que M. Hollande empoigne ce
dossier. Le problème avec ce quotidien me
semble relever du mélange des genres,
susceptible de ne pas toujours être bien
compris par les électrices et électeurs.

L'affaire Cahuzac sera-t-elle utile à la démocratie ?

Elle semble oubliée... elle se réveillera dans les urnes ? Indignez-vous dans les urnes !

Communiqué de presse publié le 2 avril 2013 par l'Elysée :

« Le président de la République prend acte avec grande sévérité des aveux de Jérôme CAHUZAC devant les juges d'instruction concernant la détention d'un compte bancaire à l'étranger. C'est désormais à la Justice d'en tirer les conséquences en toute indépendance. En niant l'existence de ce compte devant les plus hautes autorités du pays ainsi que devant la représentation nationale, il a commis une impardonnable faute morale. Pour un responsable politique, deux vertus s'imposent : l'exemplarité et la vérité. »

Pour la contester, la vérité, il faut démontrer le mensonge, aurait pu conclure monsieur Cahuzac dans une ultime raffarinade.

Le lendemain, vers midi, François Hollande envoyait aux médias une déclaration enregistrée le matin, dénonçant *« un outrage à la République. »*

Texte très "lourd" :

« J'ai appris, hier, avec stupéfaction et colère les aveux de Jérôme CAHUZAC devant ses juges.

Il a trompé les plus hautes autorités du pays : le chef de l'Etat, le Gouvernement, le Parlement et, à travers lui, tous les Français.

C'est une faute, c'est une faute impardonnable. C'est un outrage fait à la République. D'autant que les faits reprochés sont eux-mêmes intolérables : détenir, sans le déclarer, un compte à l'étranger.

Donc, toute la lumière sera faite.

Et c'est la Justice qui poursuivra son travail jusqu'au bout et en toute indépendance.

J'affirme, ici, que Jérôme CAHUZAC n'a bénéficié d'aucune protection autre que celle de la présomption d'innocence. Et il a quitté le Gouvernement, à ma demande, dès l'ouverture d'une information judiciaire.

C'est un choc ce qui vient de se produire parce que c'est un grave manquement à la morale républicaine. Je suis, donc, amené à prendre trois décisions qui vont dans le sens des engagements que j'avais pris devant les Français :

D'abord, renforcer **l'indépendance de la Justice** : c'est le sens de la réforme du Conseil Supérieur de la Magistrature. Cette réforme sera votée au Parlement dès cet été. Elle donnera aux magistrats les moyens d'agir en toute liberté, en toute indépendance, contre tous les pouvoirs.

Ensuite, **lutter de manière impitoyable contre les conflits entre les intérêts publics et les intérêts privés** et assurer la publication ainsi que le contrôle sur les patrimoines des ministres et de tous les parlementaires. Le Gouvernement, là encore, soumettra au Parlement, dans les semaines qui viennent, un projet de loi dans cette direction.

Enfin, les **élus condamnés pénalement** pour fraude fiscale ou pour corruption **seront interdits** de tout mandat public.

La République, c'est notre bien le plus précieux. Elle est fondée sur la vertu, l'honnêteté, l'honneur.

La défaillance d'un homme doit nous rendre encore plus exigeants, plus intransigeants, et je le serai parce que je sais ce que cela représente pour les Français cette blessure. L'exemplarité des responsables publics sera totale.

C'est mon engagement. Je n'en dévierai pas et les Français doivent en être certains. »

Ma première réaction ? Le doute. Je doute de la parole de mon président, oui je le reconnais, c'est très mal ! Comment pouvait-il tout ignorer ? Et... cette question de démission...

Je relis son bref communiqué du 19 mars, après la démission du ministre « *Je remercie Jérôme CAHUZAC pour l'action qu'il a conduite depuis mai 2012 comme ministre du Budget pour le redressement des comptes de la France. Il l'a fait avec talent et compétence. Je salue la décision qu'il a prise de remettre sa démission de membre du Gouvernement pour mieux défendre son honneur.* »

Jérôme Cahuzac a-t-il quitté le Gouvernement à la demande du président comme prétendu le 3 avril ou a-t-il décidé de remettre sa démission de sa propre « *décision qu'il a prise* » comme prétendu le 19 mars ? Les deux ne sont pas possibles, monsieur le président... Je sais bien, on formule toujours ainsi, le mec viré on prétend qu'il a donné sa démission par grandeur d'âme... même quand on est un président normal ?

Jérôme Cahuzac avait écrit : « *Par respect*

pour le bon fonctionnement tant du Gouvernement que de la justice, j'ai décidé de présenter ma démission à Monsieur le président de la République.

Cela ne change rien ni à mon innocence ni au caractère calomniateur des accusations lancées contre moi et c'est à le démontrer que je vais désormais consacrer toute mon énergie.

Servir mon pays dans cette période difficile a été un honneur. Nous avons engagé des réformes courageuses et indispensables. À la place qui sera la mienne je continuerai à soutenir l'action de notre gouvernement. Je tiens à redire toute ma gratitude au président de la République et au Premier ministre pour la confiance et le soutien qui ont été constamment les leurs. »

Claude Bartolone avait « *salué la dignité de la décision de Jérôme Cahuzac qui, alors qu'il n'était pas mis en examen, a préféré protéger le gouvernement et la France plutôt que sa propre personne* ». Quelle clairvoyance. Oh, il l'a protégé, le gouvernement !
On croirait vraiment un candidat à la Présidentielle, ce François Hollande ! Il « *entend lutter de manière impitoyable contre les conflits d'intérêts.* » Où commencent les conflits d'intérêts ?

Quant à la conclusion de cette affaire, il est possible qu'un jour le président reconnaisse avoir "naturellement" entendu des rumeurs mais qu'il ne pouvait et ne devait pas les croire.

Ici... Le Cahuzac reste correctement considéré "pas pire que les autres"... Il a eu la malchance de tomber sur des journalistes que ne se contentent pas de réécrire les communiqués de presse... Combien font pire ? Se demande la fleuriste...

Des paroles aux actes ?

Peut-on lui faire confiance quand on se souvient de "*l'agenda du changement : du 6 mai au 29 juin 2012*", le programme de François Hollande :
« *Signature d'une charte de déontologie et publication des déclarations d'intérêt par les membres du Gouvernement et circulaire du Premier Ministre étendant ces exigences aux membres des cabinets et plafonnant leurs effectifs.* »

En 2012, avant les présidentielles, interrogé par l'ONG *Transparence international France*, François Hollande approuvait la proposition visant à « *En finir avec les conflits d'intérêts !* » Il répondait « *Oui* » à « *Seriez-*

vous d'accord pour rendre publiques des déclarations d'intérêts précises et instaurer l'obligation de s'abstenir de participer à une décision publique en cas d'intérêts personnels liés à la question abordée » ? Avec pour commentaires : « *Je souscris à la proposition de TI France de prévenir les conflits d'intérêts dans la vie politique en rendant publiques des déclarations d'intérêts précises et en instaurant l'obligation de s'abstenir de participer à une décision publique en cas d'intérêts personnels liés à la question abordée.* » Pourtant, juste un exemple, Aurélie Filippetti auteur Lagardère continue à favoriser les éditeurs au détriment des indépendants. Aucun conflit d'intérêts ? Et maintenant qu'est partie votre compagne également en contrat avec Lagardère (Paris-Match chez la journaliste de gauche !) le conflit d'intérêt ne vous apparaît pas encore ?

Dites, monsieur le Président de la République, est-ce un conflit d'intérêts quand un auteur publié chez *Privat* est également Président du Conseil Régional subventionneur de l'éditeur ?

Est-ce un conflit d'intérêts de bénéficier du soutien de la *Dépêche du Midi* quand on s'appelle monsieur Martin Malvy ?

Est-ce que la *Dépêche du Midi* avec à sa tête le patron d'un département, patron d'un parti, se retrouve en fréquente situation de suspicion de conflits d'intérêts ?

Et je pourrais en formuler d'autres, des questions !

Oui des gens de gauche votent FN !

Mentions légales

Tous droits de traduction, de reproduction, d'utilisation, d'interprétation et d'adaptation réservés pour tous pays, pour toutes planètes, pour tous univers.

Dépôt légal à la publication au format ebook du 15 mai 2014.
Imprimé par CreateSpace, An Amazon.com Company pour le compte de ecrivaine.com.

ISBN 978-2-36541-551-4
EAN 9782365415514

Oui des gens de gauche votent FN ! (*Enquête dans le Sud-Ouest de la France sur le vote Front National*) de Fanny Werte

www.ingramcontent.com/pod-product-compliance
Lightning Source LLC
Chambersburg PA
CBHW052137270326
41930CB00012B/2916